一技封神

篮球巨星必杀技完全图典2

冯逸明 主编

台海出版社

图书在版编目（CIP）数据

一技封神：篮球巨星必杀技完全图典. 2 / 冯逸明主编. --
北京：台海出版社，2023.11（2024.8 重印）
ISBN 978-7-5168-3672-9

Ⅰ. ①一… Ⅱ. ①冯… Ⅲ. ①篮球运动—优秀运动员—生平事迹—美国—现代—图集 Ⅳ. ① K837.125.47-64

中国国家版本馆 CIP 数据核字 (2023) 第 196018 号

一技封神：篮球巨星必杀技完全图典. 2

主　　编：冯逸明

出 版 人：蔡　旭　　　封面设计：冯逸明　　牛　涛
责任编辑：员晓博

出版发行：台海出版社
地　　址：北京市东城区景山东街 20 号　邮政编码：100009
电　　话：010-64041652（发行，邮购）
传　　真：010-84045799（总编室）
网　　址：www.taimeng.org.cn/thcbs/default.htm
E — mail：thcbs@126.com

经　　销：全国各地新华书店
印　　刷：朗翔印刷（天津）有限公司
本书如有破损、缺页、装订错误，请与本社联系调换

开　　本：710 毫米 ×1000 毫米　　1/16
字　　数：289 千字　　印　　张：14
版　　次：2023 年 11 月第 1 版　　印　　次：2024 年 8 月第 2 次印刷
书　　号：ISBN 978-7-5168-3672-9

定　　价：59.00 元

一技封神 / 球场实战模拟全解析

ALDRIDGE

最好的篮球就在当下，最强之人已在阵中……

球员在篮球场上因为位置与分工的不同而被分成控球后卫、得分后卫、小前锋、大前锋以及中锋，分别对应1到5号位，他们相互倚重而又各具异彩。

NBA史如长河，星汉灿烂，江山代有才人出，五大位置球员各领风骚，辉煌不断。从中锋盛世到分卫当家，到“四大大前锋”并立，再到控卫掌控天下。如今，回首望去，却惊奇地发现过去连续十年的总决赛MVP，竟然有八届被小前锋独揽。

哪个位置更重要？大家莫衷一是，长久以来，孰优孰劣的争论就从未停歇……

在“离篮筐越近越容易得分”的传统制胜法则引导下，NBA自古都是中锋为尊。从乔治·麦肯、拉塞尔、张伯伦到“天勾”贾巴尔，直到20世纪90年代，“飞人”乔丹的横空出世，内线称霸的格局被彻底打破。当乔丹力压“四大中锋”夺下六届总冠军之后，一个得分后卫的盛世徐徐展开。

科比、麦迪、卡特、艾弗森，“四大分卫”在21世纪第一个十年时光里独领风骚。倔强的艾弗森、偏执的科比、劲爆的卡特、潇洒的麦迪，一如金庸武侠里的东邪、西毒、南帝、北丐，于是“东艾、西科、北卡、南麦”在彼此最好的时光里各据一方，隔空论剑。那种生动的江湖气，在如今的NBA再难重现。在这期间，也有邓肯、加内特、诺维茨基、韦伯“四大大前锋”的赫然崛起，及奥尼尔总决赛MVP三连霸的唯我独尊。

悄然不觉，2010年之后，小前锋迎来黄金岁月，詹姆斯、杜兰特双雄并立，其中亦不乏伦纳德、保罗·乔治等后起之秀。

21世纪10年代中期，NBA逐渐放弃内线或者内外结合为主的进攻模式，进入以外线为主的跑轰时代，这在篮球史上是一次不亚于从冷兵器到热武器般的重大技术革命。在这种强调速度与精准度的战术体系驱动下，诞生出一批批骑射如风的NBA劲旅，其中最显赫的便是金州勇士，因为他们有斯蒂芬·库里。

库里，不仅是NBA历史排名第一的三分射手，还是改变篮球时代潮流的“暴风眼”。而从库里率领勇士崛起，到如今夺下四冠之后，时光又过去了近十年。

岁月流转，万物轮回。当全能天才中锋约基奇率领掘金夺下2023年总冠军，当文班亚马带着2.24米身高、2.44米臂展的绝对天赋降临NBA，当霍姆格伦命中那记神奇的绝平三分球，我们发现，NBA那个“长人时代”并未走远，只是换个方式存在。

回溯过往，二十年前，NBA还没有斯蒂芬·库里，当我们谈到蛮不讲理的三分，放

眼整个联盟，没人比“飞侠”更狠；二十年前，NBA 还没有威斯布鲁克，对速度与激情的理解，每个人内心都会有一个矢志不渝的“答案”；大约二十年前，NBA 还没有哈登，但那个 T-MAC 魅力无边，因此爱上休斯敦火箭只需 35 秒的时间。

而如今，库里、威斯布鲁克与哈登，都是年龄 35 岁左右的“少年”。

岁月如刀，回头望，虽然尽是苍茫，然而对篮球的爱，始终未变。

只要对篮球心怀热爱，如今所在的时代便是最好的时代。

因为热爱，所以与时俱进，每寸篮球时光都是独一无二、不可辜负的。

最后，说一下本书中所收录的必杀技。因为赛场上千变万化，球员的每一招在每一次临敌实战时都会有细微不同，我们只能尽量精确、真实而又具象地将其呈现给读者，并附上其步骤诀窍，以便参考。希望大家能够喜欢。

LOS ANGELES
LAKERS
LAKERS
24
CLEVELAND
24
CLEVELAND
3
LAKERS
17
S. Vujacic
STAPLES

一技封神

巨星必杀技
制霸略诀

文：穆东 张小米 池中物

Canon EOS
LAKERS
41
GRANT
54
23

兵器谱

五十四大巨星必杀技

陷阵无双

1-20

01

空中漫步

迈克尔·乔丹

Michael Jordan

五十四大巨星必杀技

技术要领◆凭借强大的弹跳与腰腹力量，尽量延长滞空时间以及腾空时的稳定感与协调性，快降落时轻舒猿臂，将球送进篮筐，然后平稳着陆。

飞翔在篮筐之上打球是怎样的感觉？乔丹给出完美答案。他从容起飞，穿越重重防线，待对手纷纷落地，他依然优雅滑翔在空中，从容地将球放入篮筐。乔丹滑翔在空中恰似空中漫步，其弹跳之高、造型之美、滑翔之远，都让人叹为观止。那是一种摆脱地心引力的翩然若仙境界。他能轻松完成如此壮举，首先归功于他那无与伦比的个人天赋。

风骨传略

迈克尔·乔丹斩获 10 届得分王，NBA 职业生涯场均得到 30.1 分，高居 NBA 历史第一。1986/1987 赛季，他更是场均砍下 37.1 分，此外，他还在 1986 年季后赛砍下 NBA 历史最高的 63 分。仅凭得分，乔丹就能跻身 NBA 最伟大球星的行列。而他又是一位天生的胜利者，率领公牛六进总决赛，六次夺冠，其夺冠胜率达到 100%。两次“三连冠”，创建独霸天下的“公牛王朝”，而他荣耀库中的 6 枚总冠军戒指、6 座总决赛 MVP 奖杯、5 座常规赛 MVP 奖杯和 2 枚奥运金牌……无一不浓缩着乔丹所缔造的一段段显赫传奇。

天下无双的得分能力加上完美无瑕的荣耀履历，乔丹已升华为所有 NBA 球员的标杆、无可争议的篮坛 GOAT（历史最佳）、名副其实的“篮球之神”。

乔丹的静态天赋堪称世间罕见，拥有 1.98 米的标准得分后卫身高，臂展达到惊人 2.18 米（科比臂展 2.11 米），跟腱长达 28.3 厘米，手掌更足足有 24.7 厘米长，比拥有一双巨手的伦纳德还多 1 厘米，巅峰时体脂率仅为 5.4%。此外，乔丹的动态天赋更是惊为天人，他的垂直弹跳为 0.98 米，百米速度达到短跑健将的 10.07 秒。无与伦比的静态与动态天赋，足以保证乔丹获得足够长的 0.92 秒滞空时间，在空中完成各种高难度攻筐得分。

在乔丹没有进入NBA以前，篮球只是地板上的运动。

飞，随着乔丹的到来而在NBA中出现，自此这里的篮球有了天空的维度。

空中漫步要诀

1. 持球杀入禁区，面对多位防守者，依然可以从容起跳直杀篮筐。
2. 利用强大的腰腹力量与协调性，在空中闪转腾挪，躲开对手封盖。
3. 凭借强大的滞空能力，在对手落地之后、自己落地之前，通过空中换手拉杆等方式将球送入篮筐。

乔丹在20世纪80年代与90年代，一直都是NBA顶尖球员的存在。

20世纪80年代，身体素质正值巅峰的乔丹主打“先起跳，再投篮”，因为他可以率先跃起，在空中等待防守者们纷纷落地之后，再选择上篮或者投篮，这份自信与从容源于他超强的滞空能力。

1991年总决赛第二场，芝加哥公牛对阵“魔术师”领衔的洛杉矶湖人，乔丹滑翔在空中闪转腾挪，躲开湖人众将的防守，将右手扣篮轻巧地转化为左手拉杆上篮，成就了空中漫步的经典一幕。

虽然在生涯后期天赋体能逐年下降，但乔丹还是通过勤学苦练，修炼出得分绝学——后仰跳投。依靠此技，乔丹依然能摘下得分王，夺得总冠军，延续着自己的霸道统治。

02

虚晃跳投

科比·布莱恩特

Kobe Bryant

五十四大巨星必杀技

技术要领◆通常科比面向篮筐，先用试探步虚晃佯投，骗得对手起跳或失去重心，科比再接上下步或者转身，晃出出手角度之后，完成投篮。

虚晃投篮是科比摆脱防守者的主要进攻方式之一，停顿、试探、虚晃三位一体，用投篮假动作晃开对手，觅得出手空间与时间差之后，从容双脚跃起投篮。即便未能晃开老练的对手，科比还可以利用身体对抗造成对手犯规，博得罚球取分的机会。虚晃投篮堪称一技双杀，科比利用此技常令防守者束手无策。

风骨传略

科比堪称 21 世纪最犀利的得分手，也是继乔丹之后又一位得分手段极其全面的后卫。他曾单场独取 81 分、连续 4 场得分 50+、三节砍下 62 分，生涯一共完成 40 次绝杀。

从 1996 年到 2006 年的前半程，科比是身披 8 号球衣飞天遁地、擅长用各种暴扣肆虐篮筐的“小飞侠”；从 2006 年到 2016 年的后半段，科比改穿 24 号战袍，神华内敛、返璞归真，蜕变为喜欢用跳投来终结对手的“黑曼巴”。既然以“黑曼巴”为名，科比骨子里就拥有了黑曼巴蛇的冷血与狡黠，而虚实相间的虚晃跳投便成为他生涯后期常用的招数。即便不能高飞，科比依然能凭借此招在球场予取予求，随心所欲地得分，凶猛而又凌厉，成为一条令所有对手都畏惧的“黑曼巴”。

科比深谙各种投篮节奏和变化，加上幼年踢足球时练就的华丽脚步，让他在场上能像舞蹈家般随心而转，熟极而流地虚晃投篮，此招式可分为虚晃与投篮两部分。

科比在虚晃时做出投篮假动作，慑于其强大投篮能力，对手势必会跃起封盖。当对手起跳失去防守重心之后，科比可以通过上下步或者后转身等动作，觅得出手空间，随即双脚起跳，完成投篮，将球命中，也可以投篮腾空时与对手硬抗，球进，哨响，2+1。

虚晃跳投要诀

1. 面筐持球进攻，面对对手用试探步虚点两三次，然后佯装投篮，假动作要逼真，才能吸引对手封盖。

2. 对手封盖露出破绽时，迅速做上下步或者转身晃出投篮的空间。

3. 双脚起跳，完成投篮。跃起时保持身体平衡，整套动作要快且突然。

GO. THERE'S
PING YOU
BRYANT
24
STL AST REB
1 10 24
at&t
2:19
4
ALLEN
20
LAKERS
2

跳投前增加虚晃，可以谋取更好的出手角度和时机，避免被防守者封盖。

科比频繁使用虚晃跳投，已经达到随心所欲的境界，频繁晃飞对手或博得犯规。

虚晃跳投需要有出色的投篮技巧和身体素质作为保障，否则很难迷惑防守者。

科比虚晃跳投综合了极强的运球、对抗、身体协调性以及投篮能力。即便面对极端防守，科比依然可以在身体失去平衡后完成跳投，再强悍的防守者也无法阻止科比连贯地完成出手动作。

五十四大巨星必杀技

03 超幅双变向

凯文·杜兰特 Kevin Durant

技术要领◆持球进攻先用拖曳步*佯攻，当对手上前防守时，运球变向至另一侧，横移幅度尽量大。诱对手反向扑之，再运球快速向另一方向，接延伸步突破。

凭借出身后卫练就的娴熟控运技术，杜兰特能够在外线持球自主进攻。面对防守者，他喜欢用 CROSSOVER 来突破。杜兰特的拖曳步变向拥有超大的横移幅度，加上超长臂展后拉运球，疾速循环往复，便创造出宽广的进攻空间。接下来，这位『大杀器』可以任选一招来轻松得分。

风骨传略

毫无疑问，从进攻端而言，杜兰特就是当今 NBA 第一进攻利器。他有着中锋的身高，前锋的运动能力，以及后卫的运球技巧与射术，堪称一个无差别错位单打的“大魔王”。

四届得分王、两届总决赛 MVP 不足以诠释杜兰特的强大。即便在跟腱断裂之后，他依然能在篮网上演“死神”满血归来。2021 年东部半决赛“天王山”之战，他以 70% 的命中率轰下 49 分，打出令群雄望峰息心的一战。然而，“抢七大战”的那记绝平一掷未能扭转乾坤，那脚踩三分线的 1 厘米让人意难平，也让杜兰特的绚烂征程戛然而止。

随后，他率领美国男篮在东京奥运夺金，上演“一个人对抗全世界”的戏码，成为 FIBA 第一“大杀器”，但杜兰特在 NBA 还未圆满，希望前往太阳的他能够如愿。

无法想象一位身高 2.08 米（真实身高 2.10 米）、臂展达到 2.28 米的高个球员，竟然能像艾弗森那样运球变向，而杜兰特尽管受限于（身材）重心过高，面临运球时皮球时常被断的风险，但杜兰特运球变向能扯出两米的横移幅度，足以让防守者顾此失彼。一旦让杜兰特觅到空间形成突破，接下来就是大马金刀般切入腹地完成暴扣，当然，也可以用急停跳投终结对手。总而言之，一旦形成如此境况，对手只能祈祷好运。

* **拖曳步**：横向运球时的动作，横向移动幅度要大，开始运球要慢，迷惑对手，觅得良机后立即加速变向突破。

超幅双变向要诀

1. 先用拖曳步横晃防守者。
2. 连续大幅度横移变向运球，往左往右来回两次，确保即便是对手迅速补位依然能找到突破空间。
3. 突然提速，可以沿着晃开的空间径直突破攻篮，也可以急停跳投。

6
PayPal
PHX
35

一寸长，一寸强。杜兰特比对手高，比对手快，而且比对手的手感更出色，他还能用超大幅度拖曳步连续变向，突破防线直达腹地。这一招也彻底击溃对手将他扼守在禁区之外的最后一丝幻想。

04

信手三分

斯蒂芬·库里

Stephen Curry

五十四大巨星必杀技

技术要领◆库里能凭借敏锐感知力抓住对手稍纵即逝的破绽，瞬息间出手，无须过多调整。而他也能在极端对抗防守下完成投篮，且准确度惊人。

绝技

库里凭借近乎玄学的神准手感，能随心所欲地出手投三分球，且他持球投篮与接球投篮几乎各占出手的一半，可谓有球无球能力兼备。库里出手投篮只有0.4秒，比NBA平均值快0.2秒，这足以在唯快不破的前提下确保箭不虚发。

风骨传略

2021年12月15日，库里三分球总命中数达到2974记，超越雷·阿伦加冕NBA历史三分王。2022年2月21日，库里又在克利夫兰全明星赛上命中创纪录的16记三分球。2022年6月，库里率领勇士夺得总冠军并加冕总决赛MVP，整个总决赛他一共投中31记三分球。2023年与国王的“抢七大战”，库里又轰下创纪录的50分，命中7记三分球。

率领勇士缔造“八年四冠” 的壮举，完成MVP大满贯，身高仅有1.88米，静态天赋平平的库里能成为巨人如林的NBA的主宰者，主要倚仗的是那手随心所欲的——信手三分。

斯蒂芬·库里出身于射手世家，其父亲戴尔·库里是命中过1245记三分球的NBA名射手，库里拥有与生俱来的射手基因。而他似乎又独享上天赋予的神准手感，其“准”甚至突破篮球范畴。2023年7月，库里在高尔夫名人赛打出“一杆进洞”的神准表现。

以“准”当头，库里在场上可以随时出手投篮，攻击区域几乎覆盖大半场。他有球无球兼备，出手快如闪电。只要他持球在场，便在无形间编织出精准而且密集的三分火力网，让对手时刻处在崩溃的边缘，不得已只能布重兵布防，在场上顾此失彼，对手防线随之暴露出大量空当 ，库里队友得以尽情发挥进攻才华，这也是“库有引力”的由来。

信手三分要诀

1. 投篮要突然而隐蔽，信手拈来，凭借直觉出手，不墨守成规。
2. 投篮出手要快，只须轻跳，同时将球举到额头，即可出手投篮。
3. 出手时用投篮手的手掌触球，手指拨球，并调高弧度，加大篮球入筐的面积，以便提升命中率。

NBA历史单赛季常规赛 3 分球命中数 TOP10

排名	赛季	球员	命中数
1	2015/2016	斯蒂芬·库里	402
2	2018/2019	詹姆斯·哈登	378
3	2018/2019	斯蒂芬·库里	354
4	2020/2021	斯蒂芬·库里	337
5	2016/2017	斯蒂芬·库里	324
6	2019/2020	詹姆斯·哈登	299
7	2018/2019	保罗·乔治	292
8	2014/2015	斯蒂芬·库里	286
9	2021/2022	斯蒂芬·库里	285
10	2020/2021	巴迪·希尔德	282

篮球本来就是将球送进篮筐的游戏，库里凭借“准”字诀在NBA赛场正本清源，其三分球投射绝技独步联盟，除了“准”字诀之外，还蕴涵着如下几点玄机。

其一，库里从准备到出手投篮，只需要0.4秒，比NBA球员平均速度快0.2秒，而恰恰是这0.2秒，令对手猝不及防，只能目送库里弯弓搭箭。

其二，不同于大多数投手压低重心，然后奋力起跳出手，库里的投篮更简洁、更柔和，只需轻微地跳离地面，就能投篮，这些都是千锤百炼的肌肉记忆。

其三，不同于大多数投手将球举过头顶再出手的二次性发力投篮方式，库里将球举到额前便出手，一次性发力便可投篮，这让他更加出手如电。

就这样，其他射手苦苦寻觅而不得的出手空间，库里在举手投足间便轻松获得。

1. 合球下沉

接球之后快速合球，持球手五指尽量张开抓球，并以手心自然弧度触球，辅助手放在球的侧面，双手钳紧篮球以免掉落。下肢微屈蓄力，切忌蹲得过低，以免消耗过多体能并拖慢速度。

2. 起球伸髋

快速起球，起球时大臂带动小臂发力，当手肘快与肩部平行时，下肢开始向上发力跳起。蹬地、伸髋、起球，一气呵成，整体动作核心在于髋部发力，并稳定在一条垂直线上。

3. 出手投篮

瞄准篮筐，待球举过额头之后顺势出手，出手时微微侧身，投篮手肘要正对篮筐。

投篮时压腕拨指，手指拨球要柔和。辅助手对球只起到稳定支撑作用，投篮时不要主动发力，投篮出手瞬息之前，辅助手要离开篮球。

4. 保持跟随

出手之后双手保持投篮的跟随动作，以加强投篮的稳定性。整套投篮动作力求舒展、连贯、丝滑。

像斯蒂芬·库里一样投射三分球

三分球投篮详解

05

篮下小勾手

沙奎尔·奥尼尔

Shaquille O'Neal

五十四大巨星必杀技

技术要领◆利用强大背部力量和灵活脚步，顶住对手转身碾进禁区中路罚球线以下区域，将球举过头顶跃起顺势出手，勾手投篮无须幅度过大，手感要柔和。

奥尼尔在球场上翻江倒海，宛如巨鲨般存在。人们习惯于他那气吞山河的大力灌篮、推土机般的内线碾压，并且惊叹于他的神力。但奥尼尔绝不仅仅是以力服人，他还能张飞绣花，用精细的技术活儿来驾驭比赛。他一旦利用出色脚步杀入篮下，就会秀出「小勾手」。无论前转身还是后转身，无论左手还是右手，他总能凭借此招轻巧得分。

风骨传略

沙奎尔·奥尼尔是 NBA 历史上最具统治力的中锋，也是继乔丹之后唯一一位“三连冠 + 三连总决赛 MVP”先生，在他巅峰时期，纵横捭阖，横勇无敌。

1992 年，奥尼尔作为 NBA“状元”驾临奥兰多，搭档“便士”哈达威，在生涯第三年便率领魔术打进总决赛。1996 年奥尼尔西游洛杉矶，与科比联手，“OK 组合”率领湖人在 21 世纪初叶缔造了盛极一时的“三连冠”王朝。2004 年奥尼尔又东游迈阿密，携手“闪电侠”韦德，率领热火在 2006 年拿到队史第一个总冠军。

纵横 NBA 20 载，奥尼尔 4 夺总冠军，收获 3 届总决赛 FMVP、1 届常规赛 MVP，2 次荣膺得分王，15 次入选全明星……“大鲨鱼”几乎成为无解的代名词，也成为那一代内线球员的集体梦魇。他留下无数显赫的数据与战例，如果你能看上他巅峰时期的几场比赛，就会真正深切体会到奥尼尔在那时霸道无匹的球场摧毁力。

虽然明明能“一力降十会”，却喜欢“一巧破千斤”，奥尼尔从不缺少“技术活儿”，除了在全明星赛上客串控卫用花哨运球博君一笑之外，他还有实战中的得分利器，譬如“篮下小勾手”。只见“大鲨鱼”在禁区中左右摇摆，晃肩、停顿、转身、滑到篮下，一个手感柔和的勾手投篮，皮球轻盈地落入篮筐。整个过程丝滑流畅，没有一丝卡顿。

奥尼尔堪称旷古难寻的篮球奇才，他不仅拥有身高2.16米与体重近150公斤的庞大身躯，而且力量、速度、耐力、爆发力与敏捷度均属于顶级，这位灵活的“胖子”还有一双如蒲扇般的巨掌和一流的球商，这些出色的动静天赋集于一身，足以让奥尼尔如“鲨鱼”入海，傲居NBA食物链的顶端，淋漓展现出独霸篮下的统治力。

篮下小勾手要诀

1. 低位拿球后背靠对手转身碾进禁区，制造最佳投篮位置与空间。
2. 非持球侧脚用力蹬地起跳，持球侧腿屈膝上提，将球高举。
3. 举过头顶达最高点时，对准篮筐勾手投篮，手腕发力，轻盈一拨。

06 蝴蝶穿花

阿伦·艾弗森

Allen Iverson

五十四大巨星必杀技

技术要领◆蝴蝶穿花基本是由胯下运球、大幅度变向与顺步突破等技术组成，力求创造进攻空间，当然，这组连招也可以在场上即兴组合创造。

艾弗森的蝴蝶穿花是又一系列动作组合而成的连招，一般包含胯下拉回+悬浮运球+体前变向&交叉步+突破过人。如今联盟中没有人能像艾弗森那样运球丝滑迅疾，人球合一，随心所欲。他左右手皆能无差别犀利变向，连『篮球之神』乔丹都曾艾弗森被晃过。

风骨传略

一出道便灿若星辰，以 96 黄金一代“状元”之姿惊艳联盟。十年费城十年王，艾弗森将孤胆英雄的神话演绎到极致，独自率领 76 人杀入总决赛。总决赛首战即轰下 48 分，在“OK 组合”的虎口下抢得一场胜利，让如日中天的湖人在 2001 季后赛尝到唯一一场败仗。

艾弗森一直都是桀骜不驯的烈焰流星，他锐利如刀，从不藏锋入鞘，球迷们也不习惯他变成斯托克顿的样子。所以当他风飒飒收尾，我们没有惋惜，唯有怀念。

如果说，青春是一本太仓促的书，而艾弗森就是在书中凌厉穿行的唯一“答案”。

艾弗森之所以能以 1.83 米之躯纵横 NBA 巨人世界，成为不可阻挡的小个子得分王，“蝴蝶穿花”当居首功。这种脚步变幻莫测而又迅疾无比，在那个时代最令对手恐惧。

艾弗森的“蝴蝶穿花”千变万化。他用交叉步运球变向时，可以在方寸之间辗转腾挪。已经达到人球合一的他仅凭繁复运球就能让防守者崩溃，一个变向能晃开 90% 的防守者，即便余下 10% 的对手能预判到突破方向，却依然会被他过掉，因为“天下武功，唯快不破”。艾弗森能用一种方式过人一百遍。即使所有对手都知道艾弗森会突破向右，但就是防不住。

当他如蝴蝶般穿过 NBA 巨人海，便留下了一段“脚踝终结者”的绝版传说。

蝴蝶穿花要诀

1. 先以胯下变向运球迷惑对手。
2. 然后突然身体向上，悬浮运球，同时晃肩做出佯攻假动作，假动作力求逼真，能误导对手。
3. 待对手上防，立即向佯攻的另一侧大幅度运球变向，形成突破。

艾弗森是四届得分王＆常规赛MVP、21世纪初最具观赏性的后场大师、最勇猛的小个子，他的14年NBA生涯仿佛是一场奇幻冒险。

艾弗森在处子赛季用“蝴蝶穿花”步伐晃过乔丹，命中一记跳投之后，面对罗德曼喋喋不休“年轻人应懂得尊重”的言论，艾弗森回应：“在球场上，我不需要尊重任何人。”自此，他也以叛逆者姿态开启了冒险旅程。

1996 年 12 月 21 日，76 人坐镇主场对阵公牛，艾弗森在生涯的第 20 场比赛中遇到了 NBA 最伟大球员，也是联盟最佳防守球员之一的迈克尔·乔丹。面对乔丹几乎毫无破绽的压迫性防守，艾弗森丝毫不怵，施展起“蝴蝶穿花”，他如灵狐跳跃，倏尔发力，陡然变向，一个折转摆脱，隔着乔丹的巨掌命中一记跳投。随着此球命中，被无数球迷津津乐道的经典一幕诞生了。

07

斗转星移

尼古拉·约基奇

Nikola Jokic

五十四大巨星必杀技

技术要领◆尽量在中路低位持球，双手合球放在颌下保护，保持进攻威胁性。利用广阔视野与精准预判，敏锐找到空切的队友，迅速将球传之。

约基奇手感细腻柔和，技术娴熟全面，并拥有异乎寻常的篮球智商。虽然他在2023年季后赛统治了攻防两端，尤其破解对手的得分能力十分强悍，但他真正的『杀人诛心』之道还是发动起掘金全面进攻的策应能力。虽然丹佛阵中有约基奇与穆雷两位单打高手，但习惯于团队配合的掘金还是优先选择以约基奇做轴来策动全面进攻。

风骨传略

尼古拉·约基奇在 2023 年率领掘金夺冠之前，已经跻身联盟最强球员之列，蝉联了两届常规赛 MVP，但彼时的约基奇还未在季后赛证明自己，因此饱受质疑，甚至连恩比德也讪讪地说，“有些人夺过两个 MVP，却还是一事无成。”

虽然，恩比德夺得 2022/2023 赛季常规赛 MVP，阻止了约基奇的 MVP 三连庄，但“约老师”在接下来 2023 年季后赛表现“炸裂”，不仅让恩比德汗颜，还令联盟群雄尽俯首。他率领掘金轻取森林狼、太阳，西部决赛横扫湖人，总决赛以 4 比 1 淘汰热火，仅用 20 场比赛便夺得总冠军，创造 NBA 史上夺冠第三好的战绩。

掘金在夺冠之旅中呈现出举世无双的战力，全票当选总决赛 MVP 的约基奇居功至伟，他在 2013 年季后赛场均贡献 30 分、13.5 个篮板、9.5 次助攻，投篮命中率为 54.8%，三分命中率高达 46.1%，还奉献了 10 场三双，单凭这份现象级的数据单，约基奇就足以封神，但如果亲眼见证他的比赛，就会深刻体会“无解”二字的含义。

以约基奇为轴，居中策应，队友们在他身旁穿插跑动，此时的约基奇能频频送出各种妙传，无论手递手、脑后、不看人传球还是击地传球，都能驾轻就熟。在他熟极而流的策应之下，掘金众将火力全开，打出水银泻地般立体攻势，这也是对手最忌惮的进攻。

一位酷爱赛马的塞尔维亚篮球运动员，一位NBA的“二轮秀”(2014年总第41顺位被掘金选中），一位打球秉持慵懒风格的“人体五花肉精华”，却在2023年季后赛大放异彩，率领掘金强势夺得总冠军。

斗转星移要诀

1. 低位面筐或者背身持球，先领下护球，观察对手的防守分布。
2. 将目光锁定在中路，保持进攻威胁性，用余光时刻观察身边对手与队友的攻守态势。
3. 与空切的队友形成默契，一旦发现空当，立即将球传给队友。

约基奇在2023年季后赛彻底爆发，一共狂揽600分、269个篮板、190次助攻，三项数据均联盟第一。总决赛第三场，约基奇豪取32分、21个篮板、10次助攻，成为NBA总决赛史上首位“30+20+10”先生。他在总决赛场均贡献30.2分、14个篮板和7.2次助攻，投篮命中率高达58.3%，全票当选总决赛MVP，这也是NBA史上选秀顺位最低（第二轮总第41顺位）获得此至尊殊荣的球员。

约基奇拥有广阔的球场视野与超然卓绝的篮球智商，即使在重兵包夹之下，他也能精准地传球给队友，令后者轻松得分。无论约基奇在高位挡拆还是低位策应，在他串联之下，整个掘金的进攻都无比流畅顺滑。

以穆雷为首的队友们与约基奇默契十足，如果说整支掘金就像珠联璧合的“北斗大阵”，那么约基奇就是“斗柄”，队友们围绕他“斗转星移”。

08

大回环过人

德怀恩·韦德

Dwyane Wade

五十四大巨星必杀技

技术要领◆面对防守者做大回环过人，应将球暴露在安全位置，以免对手抢到。向上绕球过对手头顶时，应当尽量向上而非向前绕球，以免碰到对方的头部。

巨星绝技

韦德的『大回环』是绕球过顶突破方式，依靠节奏与动作的变化来陷阵得分，堪称实战进攻利器。虽然生涯后期的韦德失去追风逐电的速度，但只要他站到赛场，就会让对手领略到强大杀气。韦德的强大源于王者本能与精湛技艺，他这一招不求快，但求稳。

风骨传略

他是帕特·莱利眼中矮了5厘米的乔丹，他是科比口中来自地狱的球员，而奥尼尔对于他的赞美最贴切——闪电侠。德怀恩·韦德在进入NBA之前便失去一个半月板，但他依然成为胜利者，功成后以香槟浇灌膝盖，在迈阿密缔造三冠盛世，成为热火图腾式巨星。

他在2006年总决赛场均砍下34.7分，演绎出极致的个人英雄主义，率领热火连扳四场逆转小牛夺冠，以24岁的年纪荣膺总决赛MVP，在“白金一代”中率先登顶至尊。

巅峰时的韦德宛如一道照亮天地的闪电，光芒万丈、动人心魄，可惜有些短暂。

2006年总决赛，全世界都见识到“闪电侠”突破的无穷威力，见识到他突入禁区后腾空而起，迎着对手碰撞得分，但这种纵情绽放也损耗了他的血气和能量。韦德在2007年遭遇重伤，复出后失去了赖以成名的速度和爆发力，但他依然是联盟顶级的切入大师，依靠经验与技术依然在场上游刃有余，况且他的兵器库里有的是法宝，譬如这招“大回环”。

韦德集灵巧、刚猛、稳健于一身，大开大合，刚柔并济。虽然他在大伤后失去快出他人的第一步，但他通过“大回环”依然可以轻松晃过防守者，直捣黄龙，达阵得分。

大回环过人要诀

1. 面对防守者，故意将球暴露。
2. 待对手上前掏球之前，单臂搂球向上绕过对手头顶，同时做大幅度跨步过人，然后双手合球。
3. 最后一马平川，快速完成上篮。

攻势凌厉，无坚不摧。韦德的招式刚猛无俦，突破灌篮更是暴力美学的极致体现，对手无法跟他那第一步，韦德突破后可以肆意地轰炸篮筐。巅峰时的韦德可以用速度将防守者甩在身后。他在挡拆后从人缝中穿过犹如一条蛟龙，电光火石间的腾空而起。

韦德的进攻不仅仅依靠速度与爆发力，他还可以依靠节奏与经验，在场上收放自如，刚柔并济。

且不说他那名满天下的“迷踪步”，就连这借力打力的“沾衣十八跌”也属于极致绝学。韦德从不惧与对手的冲撞，在身体接触失去平衡的一瞬间，利用身体的协调性将球投中，而且命中率反而要高于没有对抗时，这就是“沾衣十八跌”的神奇之处。

09

换手妙传

埃尔文·约翰逊

Earvin Johnson

五十四大巨星必杀技

技术要领◆运球快速推进时，注意留意左右跟进的队友，并彼此形成默契。球佯传一侧，余光瞄准另一侧，一手传球，另一手接住，反方再传。

20世纪80年代，「魔术师」约翰逊将更多的理念、智慧和技巧带到了球场，将NBA的观赏性提升到了一个新的高度。见微知著，即便是一记助攻，他也能一波三折，在行进间通过换手来改变传球的方向，不仅能迷惑对手，还让观众感到了篮球不仅仅是追逐胜负的竞技，还无比生动与有趣。

风骨传略

埃尔文·约翰逊不仅是1979年NBA的“状元”，还在新秀赛季便率领湖人夺得总冠军，并荣膺了总决赛MVP，这份“出道即巅峰”的际遇在NBA可谓空前绝后 。

这位身高2.06米的湖人控卫喜欢用眼花缭乱的表演来驾驭比赛，使观众如坠梦中。他比赛时犹如变魔术一样玄妙新奇，“魔术师”的绰号也因此不胫而走。

整个20世纪80年代，“魔术师”不仅将“天使之城”变成SHOWTIME的舞台，还与“大鸟”伯德联袂出演了“黑白争霸”大戏，一改NBA因沉闷乏味而日薄西山的颓势。

虽然因为身体原因，让“魔术师”的NBA之旅在1991年戛然而止，但他在有限的12年NBA职业生涯中创造了雄奇澎湃的传奇，五届总冠军戒指、三届常规赛MVP、三届总决赛MVP，季后赛总助攻数第一、三双次数第一，此外，他为NBA插上梦想与艺术的翅膀，让原本无趣滞涩的比赛有了明亮欢快的色调。

约翰逊用华丽无比而又匪夷所思的传球，激活每一位队友，打出气象万千的整体进攻，开启SHOWTIME时代的同时，也为紫金湖人奠定了华丽奔放的基调。观看“魔术师”的比赛，宛如欣赏一部悬念迭起的悬疑大戏，过程分外惊奇，而且绝无雷同。

他是乔丹眼中真正改变NBA的一代巨星；他以2.06米的身高重新定义了控卫的奥义；他可以从1号位打到5号位，可谓无所不能；他出道即巅峰，在新秀赛季加冕总决赛MVP；他传球行云流水，令人赏心悦目，将湖人的比赛打造成华丽的“SHOWTIME”，让全世界的球迷都如痴如醉……

他就是拥有无与伦比创造性的“魔术师”埃尔文·约翰逊。

换手妙传要诀

1. 持球快速沿中路突破，左右两翼有队友跟进，并彼此保持默契。
2. 留意对手的防守变化，如果中路直接进攻受阻，可以选择传球。
3. 单手将球从体前佯装传给弱侧队友，用另一只手接住，反向再传。

10

坦克突破

勒布朗·詹姆斯

LeBron James

五十四大巨星必杀技

技术要领◆沉肩降低重心运球，推进时注意护球，用身体倚住对手挤出进攻空间，迅速杀入篮下，合球要钳紧，以免被断，人球合一之后上篮。

巨星绝技

坦克突破，形容突破时如轰鸣疾驰的坦克般不可阻挡。在NBA，坦克突破也成为詹姆斯的专属绝技，集力量、速度、爆发力和柔韧性于一身，而詹姆斯又能将这些天赋完美掌控，做到收放自如。我们惊叹于他突破时强悍的身躯和超强的机动性，但他绝不仅靠这些碾压对手，詹姆斯持球突破时依旧保持强大的助攻威胁性，让对方防守时顾此失彼。

风骨传略

2023 年夏天，虽然勒布朗·詹姆斯遭遇前所未有的质疑，但不可否认，他依旧是联盟中那位傲居王座的“皇帝”。他在 NBA 职业生涯的第 20 个年头加冕历史总得分王，率领湖人一路绝境逆袭，灭灰熊、胜勇士，一直杀入西部决赛。虽然在西决被掘金横扫，但主导湖人完成“黑七奇迹”的詹姆斯依旧展现出顶级的即战力。对于这位 38 岁的老将，我们不应有太多苛责。纵观 NBA 整个历史，还没有一位球员在 38 岁的年纪能赛季场均以超 50%的命中率砍下 28.9 分，能在季后赛半场轰下 31 分，而詹姆斯做到了。

2023 年夏天对于詹姆斯而言太过漫长，无论是为爱子布朗尼的心脏隐患而忧心忡忡，还是因缺席好兄弟韦德入选名人堂仪式而饱受争议，都让他心绪难平。詹姆斯在这个夏天做出在新赛季重披 23 号球衣的决定，这也意味着，他决心开启一段新的王者旅程，那里有“40000+10000+10000”的澎湃，也有率湖人夺取历史第 18 冠的美好期许。

詹姆斯的坦克突破成为无数对手的噩梦，在季后赛决胜时刻屡试不爽。2006 年季后赛首轮 5.7 秒突破上篮绝杀奇才；2007 年东决（东部决赛）天王山之战，第二个加时赛 2.2 秒中路突破绝杀活塞；2013 年东决揭幕战，长驱直入碾压保罗·乔治强杀篮下压哨绝杀。

坦克突破要诀

1. 沉肩运球，突然加速，力求在突破的第一步抢到有利的身位。
2. 加速运球，全力突破的同时注意护球，并保持住身体的平衡。
3. 用力合球防止被切，晃过对手闪出空间之后，顺势上篮完成终结。

詹姆斯是全能的帅才，喜欢策动队友整体进攻，摧毁对手防御体系。但在队友进攻乏术时，他也会开启个人进攻模式。比如2007年“天王山之战”，以及2018年所有季后赛。当“皇帝”亲自披挂上阵，成为“先登营”锐士，坦克突破便是他陷阵无双的开山利器。

詹姆斯凭借强大的身体力量与闪电般速度，形成巨大动能，能够直接碾压对手冲入内线。在突破行进的过程中，他不仅护球稳健，而且时刻保持着“一星四射”的突分威胁，即便对手生拉硬拽，依然无法改变詹姆斯突入内线的轨迹。

凭借这招坦克突破的强大威慑力，詹姆斯在场上或传或投都游刃有余，他在 NBA 的 20 年生涯中始终位于顶级得分手行列，尽管他不以得分见长，却依然能登顶历史总得分榜，这招坦克突破可谓功不可没。

詹姆斯的中投也很稳健，而且越老越“妖”，他的三分球也准头不低，但在得分层面，对手最忌惮的还是他的坦克突破。2007 年东部决赛“天王山之战”，詹姆斯最后阶段连得 25 分。双加时的最后 2.2 秒，詹姆斯用一记坦克突破，冲开“底特律五虎”，上篮绝杀，让显赫一时的“活塞王朝”分崩离析。

2018 年季后赛，詹姆斯打出 NBA 历史最强的个人进攻模式，场均以 53.9%的命中率轰下 34.2 分、9.1 个篮板、9.0 次助攻，其中不乏精彩的坦克突破。东部决赛“抢七大战”，当詹姆斯在最后 1 分 08 秒一条龙持球推进，扛着马库斯·莫里斯打进制胜进球时，那记碾过凯尔特人的坦克突破，给这支“波士顿青年军”留下一道难以愈合的心灵车辙。

“离篮筐越近就越容易得分”，这是篮球场上颠扑不破的真理。詹姆斯的突破厉害之处在于，对手明明知道他要直捣黄龙，却无法阻挡，深深陷入无力的旋涡。

11

滚筒转身

卡梅隆·安东尼

Carmelo Anthony

五十四大巨星必杀技

技术要领◆要背身接球，转身面对防守者之后，才开始发起进攻。持球进攻时要压低重心，摆球转身时注意护球。投篮之后要注意抢进攻篮板。

巨星绝技

集刚猛与华丽于一身，安东尼的滚筒转身是无比丝滑的低位进攻技术。他常常在底线附近持球背对防守者，向篮下转体旋进，动作连贯丝滑，毫无凝滞，一气呵成。身高体壮的他一旦启动，便无法阻挡，即便旋转杀入禁区攻篮不中，他依然会抢下进攻篮板，补篮成功。

风骨传略

卡梅隆·安东尼精通各种得分技巧，有“进攻万花筒”的美誉。他在进攻端没有死角。因为他中远投十分出色，被公认为外线高手，其实他也是擅长用背打肆虐禁区的内线“猛兽”。如果单论得分能力，安东尼在近 20 年的 NBA 都屈指可数。

他曾单节狂砍当时平 NBA 纪录的 33 分；在不受助攻的情况下单场独得 62 分。2013 年 4 月 2 日做客迈阿密，面对没有“詹韦”的热火，安东尼不进三秒区，仅凭投篮就轰下 50 分，率领尼克斯得胜而去。此外，安东尼还在世锦赛面对意大利队时创下连续 12 投全中的神迹，并第 3 次随队夺金，是杜兰特之前美国“梦之队”制霸世界篮坛的“大杀器”。

安东尼经常在两翼接球之后做出“三威胁”姿势：可以投篮，可以传球，可以突破。他不仅拥有一手精准稳定的投篮，还身高体壮，力量十足，突破启动第一步非常快。

安东尼的突破势若奔虎，一旦启动便无法阻挡，所以对手往往会采取贴身防守。安东尼经常做出探步佯攻，待对手扑防时，他又会将探出脚作为中枢，倚住对手做 180 度的背转身，依靠卓越的平衡力加上转身的惯性，轻松掠过对手，直达禁区腹地上篮得分，一招迅雷不及掩耳的“滚筒转身”就此达成。

滚筒转身要诀

1. 持球面对防守者向底线佯攻，将对手防守重心带往底线一侧。
2. 以前伸脚为轴，倚住对手后转身180度，力求转身之后靠近篮下。
3. 搂球转身丝滑连贯，与随后的攻篮得分一气呵成。

鲜衣怒马锦探花，白金之刃属甜瓜。

贵为2003年“白金一代”的第三号新秀，安东尼一进入NBA便与“天选之子”詹姆斯形成“绝代双骄”的瑜亮之争。而安东尼在新秀赛季便率领掘金挺进季后赛，创造了一个华丽的开局。

2023 年 5 月，39 岁的安东尼宣布退役，最后一位古典进攻型小前锋就此绝迹于联盟。效力 NBA19 载，生涯共得到 28289 分，排名 NBA 总得分榜第 9 位。虽然未能夺得总冠军，但安东尼还是以得分的方式留名青史，这也符合他超级得分手的身份。

12

虚晃上篮

卢卡·东契奇

Luka Doncic

五十四大巨星必杀技

技术要领◆从 45 度区域突破，视野开阔，突破时保持传球威胁性，让对方不敢贸然上夹击。突破到篮下，合球时注意降速，连贯衔接虚晃动作。

东契奇堪称节奏大师，他看似慢悠悠的运球，其中却蕴含着无穷变化。通过超强的变速与变向，加上强壮的身体碾压，东契奇可以轻松突至篮下。而此时习惯以慢打快的他会合球降速，摆脱快速回防的对手。如果不能摆脱，他还会佯装投篮，晃过对手的防守，找到出手空间，然后趁势上篮或者抛投。

风骨传略

卢卡·东契奇在 2018 年进入 NBA，当时，这位还未满 20 岁的篮球天才已经率队横扫欧罗巴篮坛，成为将西甲 MVP、欧冠 MVP 和欧锦赛冠军集于一身的欧洲天王。

从 2018 年到 2023 年，东契奇在 NBA 效力 5 年之后，又将最佳新秀、4 届全明星与 4 届最佳阵容一阵收入囊中，并率领独行侠在 2022 年杀入西部决赛。2022 年岁末之战，当东契奇豪取 60 分、21 个篮板和 10 次助攻时，世人不禁感叹，他将书写何等绚烂的未来。

2023 年世界杯，虽然斯洛文尼亚队取得第七名（追平历史最佳）的战绩，虽然东契奇场均贡献 27 分、7 个篮板和 6 次助攻，荣膺该赛事得分王，但作为本届杯赛头号球星和持球大核心的东契奇显然并不满意。从小组赛 3 战全胜，到晋级赛之后遭遇三连败，斯洛文尼亚队有些“虎头蛇尾”，而东契奇孤掌难鸣，没有在世界杯的高端局中证明自己。

面对防守者，东契奇通常是先俯身运球，然后急停，持球后一个“拜佛”，用假动作晃过防守者，直达篮下，他突破时并不单纯依赖速度，而是通过节奏、速度、方向的变化，加上身体力量的优势碾压，就能把防守者晃得“七荤八素”。突破到篮下后，东契奇有无数种上篮得分的方式，而他习惯于降速并虚晃一投，更透着篮球智者的狡黠，让对手那些封盖都成为徒劳之举，稍有不慎还要被东契奇打成“2+1”。

他拥有与生俱来的超凡球商、细腻娴熟的全能球技，以及广阔的球场视野，加上“神之视角”大局观、快慢莫测的比赛节奏，让他在场上随心所欲掌控比赛，在波澜不惊间便能搅动风云。

虚晃上篮要诀

1. 利用变速与变向，运球突破到篮下附近，降速急停。
2. 虚晃佯装投篮，可以加上左右背转身，力求调动对手防守重心偏移，创造出充足的出手空间。
3. 趁机立即抛投，或一步上篮。

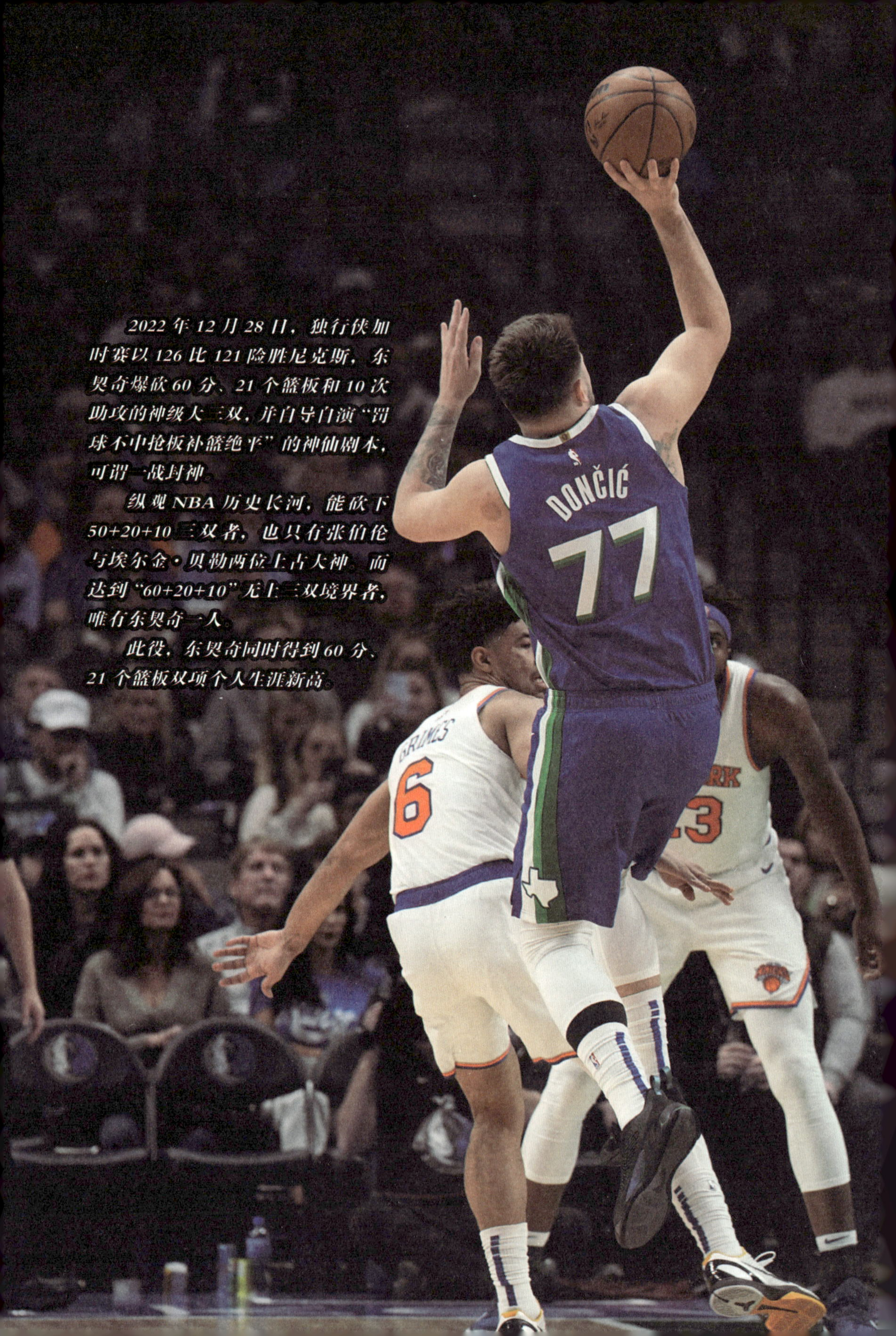

2022年12月28日，独行侠加时赛以126比121险胜尼克斯，东契奇爆砍60分、21个篮板和10次助攻的神级大三双，并自导自演“罚球不中抢板补篮绝平”的神仙剧本，可谓一战封神。

纵观NBA历史长河，能砍下50+20+10三双者，也只有张伯伦与埃尔金·贝勒两位上古大神。而达到“60+20+10”无上三双境界者，唯有东契奇一人。

此役，东契奇同时得到60分、21个篮板双项个人生涯新高。

常规时间最后时刻独行侠落后 3 分，东契奇两罚一中并抢得篮板抛投命中，强行博得 3 分将比赛拖入加时，此等壮举只有理论上的可能，却被东契奇实现了。

13

打板扣篮

特雷西·麦克格雷迪

Tracy McGrady

技术要领◆持球遭遇严防没有进攻良机时，自抛自扣可以另辟蹊径。抛向篮板时计算好反弹球的角度与轨迹，以便自己率先抢到篮板完成扣篮。

如果说35秒13分让世人见证了麦迪那惊为天人的干拔，那么他在2002年全明星赛上上演的自抛自扣，则把他艺术家般的创造力与柔韧飘逸的独特扣篮美学极致展现。这记麦迪式打板灌篮在后来一直被人模仿，却从未被超越。

风骨传略

白马长枪飘如诗，鲜衣怒马少年时。逸气轻扬凌云志，仗剑铿然天下知。

对于无数中国球迷而言，对特雷西·麦格雷迪的印象多半源于记忆之初的那抹火箭红。姚明与他联手，状元中锋与得分王的“姚麦组合”曾经承载着我们无限炫美憧憬，虽然结局并不完美，但弥足珍贵。那些亦如初恋般的篮球记忆，都是我们青春中无比美妙的一部分。

麦迪将7届选全明星、2届得分王收入囊中，并入选篮球名人堂，可谓功成名就。但一生无冠也注定他的悲情宿命，始终冲不破伤病阴霾与首轮魔咒。但那又如何，T-MAC对于无数球迷而言，是篮球初见的惊欢，是回旋记忆的青春，是挥洒锦绣的全能天才。

2002年费城全明星赛。麦迪在一次进攻时持球杀至前场，面对诺维茨基和纳什的联手阻截，竟然将皮球高抛砸向篮板，同时从“达拉斯二人组”身前轻掠而过，在众星错愕之时，麦迪如一缕清风般腾空而起，竟然抢到自己抛向篮板的反弹球，然后上演一记豪气干云的抡臂暴扣。自此，全明星最具创造力的名场面诞生了。

麦迪这记自抛自扣的打板灌篮也被权威媒体评为“全明星史上最精彩的扣篮之一”，他那天马行空的创造力和刚柔相济的飘逸风格，在这记扣篮中淋漓尽显。

打板扣篮要诀

1. 持球面对防守者，率先将球抛向篮板，同时绕开防守直达篮下。
2. 目光锁定篮板反弹球的轨迹，抢在对手转身到来之前抢下篮板。
3. 在跃升时与反弹球的轨迹相逢，以便在落地之前完成扣篮。

21世纪之初，麦迪成为新生代锋卫摇摆人们竞相模仿的标杆，甚至与科比平分秋色。他身形灵动、球风飘逸，有着联盟最快的启动第一步，同时具有卓然不群的创造力。

巅峰时T-MAC拥有恐怖的得分爆炸力，他轻盈的打射，伴随的是记分牌数字的欢快跳动。

麦迪是身披如剑一般1号球衣的连庄得分王，是以天神执笔书写35秒13分的傲世奇才，他风华绝代、天赋绝伦，也背负着“先天性脊柱侧弯”顽疾。在医生“NBA生涯不过5年”的诊断书下达之后，他竟然带伤作战，一战便是15载。

14

撤步后仰

德文·布克

Devin Booker

五十四大巨星必杀技

技术要领◆持球45度角区域推进，撤步之前佯装向内线突破，误导对手防守重心偏移，迅速向底线撤步跳投，出手时身躯后仰，以避免封盖。

在如今这个小球时代，布克是在得分技巧方面最像科比的球员，尤其是那一手中距离投篮。虽然布克拥有不俗的三分远投能力，但他还是更喜欢传统的中投得分，稳定精准的投篮加上变幻莫测的撤步、后仰，足以让布克找到充足的出手空间，轻松投篮得分。

风骨传略

2023 年季后赛，德文·布克迎来大爆发，11 场比赛，他以 58.5% 的超高命中率场均轰下 33.7 分，三分命中率高达 50.8%，罚球命中率也达到 86.6%，三项命中率相加，轻松跻身“190 俱乐部”，留给 NBA 季后赛史上留下一段现象级的“高效飙分”传奇。

2015 年 NBA 选秀大会，年仅 18 岁的布克在首轮第 13 顺位被太阳选中，很快就成为“凤凰城”的少主，他在生涯第二个赛季场均便砍下 22 分，自第四个赛季起，布克场均从未低于 25 分。2017 年 3 月 25 日，布克更是飚下 70 分，成为继科比之后首位叩开 70 分大关的 NBA 球员。从 2015 年到 2023 年，布克在 NBA 效力的 8 年里，入选 3 届全明星、1 届最佳阵容一阵，还率领太阳夺得 2021 年西部冠军，唯独缺少那枚总冠军戒指。2021 年总决赛，太阳曾以 2 比 0 领先雄鹿，那也是布克距离奥布莱恩金杯最近的一次。

小球时代进攻风起云涌，虽然砍分高手层出不穷，但像布克这样具备硬桥硬马的强攻能力的球员屈指可数，他也因此成为这个时代火力最强的得分后卫，甚至没有之一。

布克拥有全面的得分技巧，尤其是他在中距离的“硬手投篮”，这是一种与乔丹、科比一脉相承的得分方式。投篮时全身肌肉绷紧，确保在高对抗下出手的稳定性。布克还拥有一手精准的三分球，曾斩获全明星三分王，这让他在如今这个小球时代如鱼得水。

13 号新秀、得分后卫、跳投美如画，令人不禁想起科比，他们几乎如出一辙。

虽然布克在防守端还不如“黑曼巴”那样全面稳健，但在进攻端，布克爆发后所表现得分爆炸力与无解性与科比相比，几乎不遑多让。

撤步后仰要诀

1. 持球面对防守者，佯装向内线突破，诱使对手想突破方向防守。
2. 待对手防守中心出现偏移时，迅速向外撤步，晃出投篮空间。
3. 衔接投篮出手，出手时身体略微后仰，躲开对手反扑的封盖。

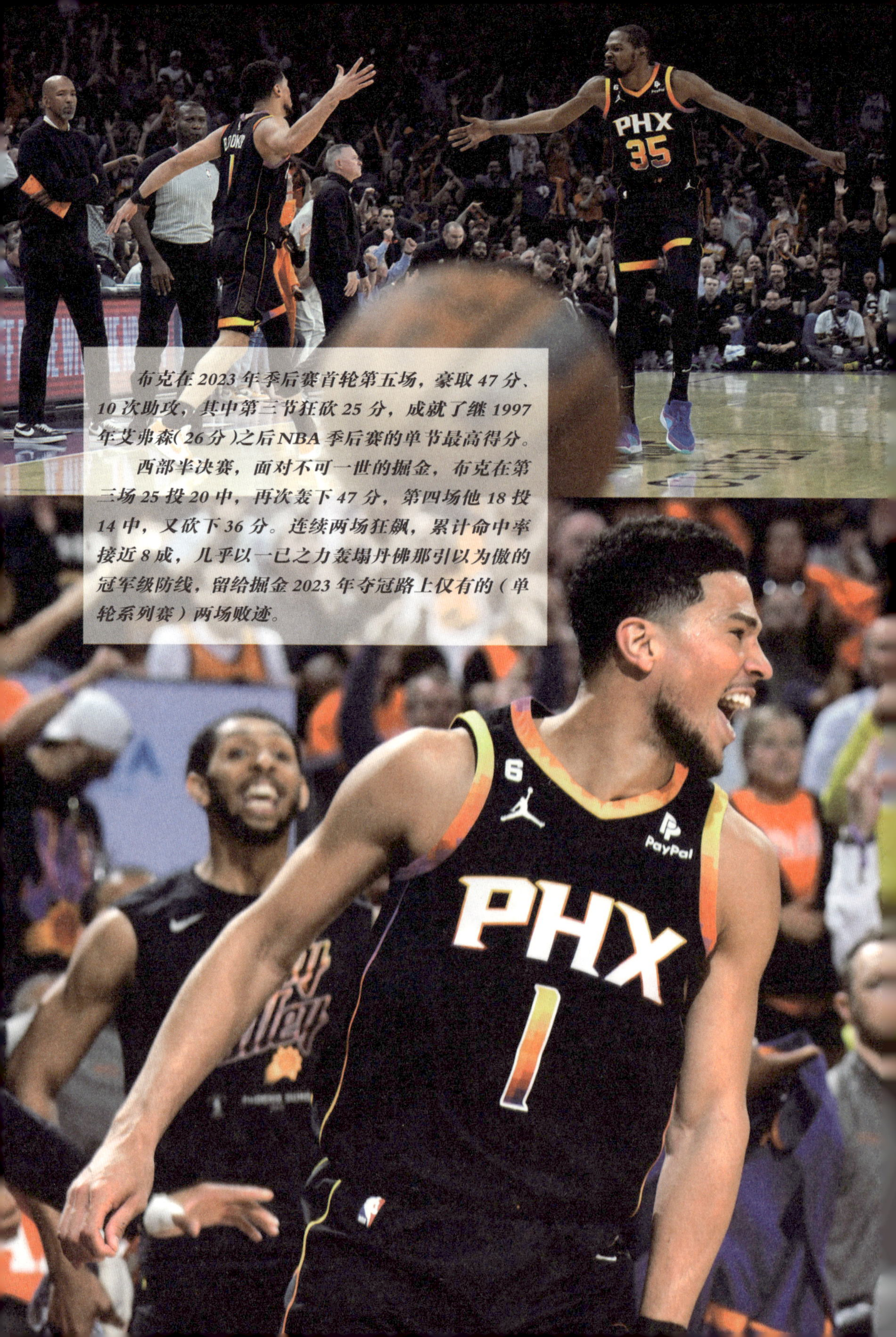

布克在2023年季后赛首轮第五场，豪取47分、10次助攻，其中第三节狂砍25分，成就了继1997年艾弗森(26分)之后NBA季后赛的单节最高得分。

西部半决赛，面对不可一世的掘金，布克在第三场25投20中，再次轰下47分，第四场他18投14中，又砍下36分。连续两场狂飙，累计命中率接近8成，几乎以一已之力轰塌丹佛那引以为傲的冠军级防线，留给掘金2023年夺冠路上仅有的（单轮系列赛）两场败迹。

正值巅峰的布克，联手生涯暮年的“死神”杜兰特，组成历史级别的进攻二人组，率领太阳对抗掘金，一度不分伯仲，战至2比2平，可惜第五场保罗伤退，缺少指挥官的太阳最终以2比4被掘金淘汰，止步于西部半决赛。

1. 低肘二段式

布克将传统二段式跳投加以改良，降低了抬肘点和出手点，肘部略微低于肩部时发力，将球举过头顶即出手，以便于更流畅快速地投篮，也节省了体能。沉球时屈膝、起球时伸髋抬肘和起跳后压腕动作衔接的更紧凑自然，急停跳投时甚至不沉球，降低合球点，快速起球投篮。

2. 硬手手型

布克投篮采用硬手手型，这是一种与乔丹、科比一脉相承的投篮方式。在高强度对抗防守下，这种全身肌肉绷紧的投篮能确保出球线路的稳定性与精准度，这也是那些传奇得分后卫大杀四方的根本保障。

硬手投篮时持球投篮手五指自然分开，手心自然空出，但要保留与球足够多的接触面积，护球手扶在球的侧上方，以便于将球压得更紧。

3. 直线出手

投篮时投篮手的手臂呈一条直线单独发力，辅助手只起到辅助支撑作用。投篮时手指拨球，压腕出手之后保持跟随动作，投篮手的指尖自然翘起。

像德文·布克一样中距离投篮

硬手投篮详解

15 果冻上篮

凯里·欧文

Kyrie Irving

五十四大巨星必杀技

技术要领◆风靡球场的果冻上篮*，内藏玄机。突破时要单臂持球，上篮时手腕反拧，手指发力，增强球的旋转，与此同时，手臂轻举，完成上篮。

欧文是行走的『进攻博物馆』，他能轻松驾驭各种绝活。当他突入内线之后，可以根据对手的防守动作，来改变自己的进攻选择。即便是悬在空中，他依然可以通过转身、拉杆等方式躲开封盖。当然，他也经常使用果冻上篮。

风骨传略

凯里·欧文是继艾弗森之后NBA最犀利的突破手，左右手运球娴熟，人球合一已臻化境。欧文轻灵却又迅疾，不管对手如何布防，总能用蝴蝶穿花般的步伐穿桩绕树，杂耍般晃过对手，最终将球放进篮筐。此外，欧文还是将控球和投篮结合最好的球员之一。

欧文喜欢单挑，他有一万种过掉对手的方式。此言非虚，因为他就是一种行走的“进攻博物馆”，每次出招都新意十足、千变万化，与此前绝不雷同。

欧文还是致命的关键杀手与单打王，即便在命运多舛的2022/2023赛季，他每回合单打依然能取下1.28分，高居联盟第一，并在该赛季第四节场均得到联盟最高的9.3分。

欧文可以做到行进和变向时运球不减速，通过阅读防守、调整步伐来创造空间。虽然他的绝对速度不是联盟最快，但他擅于变化，在急转、急停、变向、变速之间摆脱对手。

一旦让欧文锁定篮筐，他就像发现猎物的猎豹，轻灵却又致命。不管面对敌围千重还是千枪万刃，欧文总能将球投进。他突破之华丽、终结之莫测，让人叹为观止。

果冻上篮是小个子球员制霸球场的一种得分方式，这种轻灵细腻的技术活儿与欧文堪称绝配。他滑翔在空中手腕一拧，皮球旋转入网，完成果冻上篮的画面十分美观。

* 果冻上篮：源于美国高中篮坛的一种得分方式，上篮时手腕与手指发力，轻轻一拧，动作舒展，且不易被封盖。

果冻上篮要诀

1. 摆脱防守，起跳上篮时单手持球。
2. 滑翔在空中时，持球手臂水平轻挥，手腕借力反拧，手指发力拨球，力求将球旋转抹入网窝。
3. 落地时双脚打开。果冻上篮可以选择擦板入网，也可以直接挑篮。

CHARLOTTE
4
READY FOR ANY CHALLENGE,
BIG OR SMALL.

欧文突破犀利、斩入凌厉、神出鬼没，拥有变幻无踪的魔幻球风，更关键的是他还拥有精准的中远投，以及一颗大心脏。2013 年全明星三分王以及 2016 年总决赛“抢七”最后时刻面对库里投中制胜三分球，足以证明这一点。

如果欧文能专注在场上打球，那么他会成为 NBA 最华丽的得分手之一，但他似乎总是被场外之事困扰。随着欧文在 2023 年 2 月离开篮网加盟独行侠，并在同年 7 月，以 3 年 1.26 亿美元续约独行侠，已过三十而立的欧文，是时候专注于赛场，打出一些属于自己的篮球传奇了。

16

子弹突破

拉塞尔·威斯布鲁克

Russell Westbrook

五十四大巨星必杀技

绝技

技术要领◆持球在三分线弧顶，距离篮筐呈直线，确保突破时左右都有传球区域，令对手不敢夹击，如有空间突破要坚决犀利，宛如一发出膛的子弹。

两点之间，直线最短。威少喜欢直线突破，这一点与足坛巨星贝尔有异曲同工之妙。他们都有超强的速度与爆发力。威少性格直率，不喜欢繁复地变向过人，一个加速度，便直插禁区，对手忌惮他的突破分球而不敢贸然夹击，然后无惧各种碰撞，高高跃起用一记暴扣结束战斗，这也是他在巅峰时的常规操作。

风骨传略

他光风霁月，眼空万古，一切能用篮球解决的都不是事儿。威斯布鲁克身上拥有老派球员那种搏命的劲头，连库里都不禁感叹，“威斯布鲁克的斗志是当今 NBA 失传的艺术。”

威少在 2016/2017 赛季一共完成 42 场三双的比赛，缔造赛季场均大三双（31.6 分、10.7 个篮板和 10.4 次助攻）神迹，斩获得分王，荣膺常规赛 MVP，打破“大 O”罗伯特森保持的三双纪录，他傲踞巅峰之上，在雷霆书写旷世神话，风头一时无两。

然而，刚不能久。时光流逝，威少失去超凡的速度与爆发力，中远投射缺乏精准与稳定性的瑕疵凸现。随着他在湖人迷失，质疑之声甚嚣尘上。没有不老的英雄，但有永恒的风骨。2023 年季后赛伦纳德伤退，威少独挑快船重担，连续两场砍下 30+，并在第二场零失误独取 37 分，那份超级巨星的豪情与能力仍在，而为了胜利拼尽一切的精神令人动容。

威斯布鲁克，劲爆绝伦的控球后卫。他突破时很少变向，因为根本不需要。一个侧拉运球，避开对手的防守中心，就能立刻启动，沿直线切入，因为两点之间线段最短，直线能确保他以最快速度杀入内线，然后完成雷霆万钧的劈扣。你不要试图阻挡他，因为他来自太空。太过彪悍的速度和爆发力，足以让他瞬间甩开对手直冲篮下。

子弹突破要诀

1. 持球在弧顶位，降低重心，变向运球的同时要仔细观察防守。
2. 寻觅到突破空间与时机，突然启动，利用速度优势碾过防守者。
3. 突破时保持向两端牛角位传球的压迫感，让对手不敢轻易夹击，突到禁区高高跨起暴扣或上篮。

常人无法了解，威斯布鲁克的身体到底是由什么材料组成。他膝盖遭遇大伤，曾在半年进行了三次手术，却依旧如野牛一般地冲刺。肉体的损伤对他来讲并无大碍，他可以分分钟满血复活。

他的活力可以覆盖到球场的每一个角落。他飞天遁地、横冲直撞，永远精力充沛，随时准备用自己的方式拯救或毁灭世界。挥洒一切，不计毁誉成败，这就是威斯布鲁克。

17

持球攻筐

谢伊·吉尔杰斯-亚历山大

Shai Gilgeous-Alexander

五十四大巨星必杀技

技术要领◆持球启动前，通过降速运球与眼神误导来麻痹对手，尽力加大第一步的步幅，以便确立身位优势，突破时注意护球并控制好身体重心。

『离篮筐越近，就越容易得分』，这是篮球场上颠扑不破的真理。虽然如今NBA三分盛行，但亚历山大却喜欢孜孜不倦地突入禁区得分，连续三年场均突破24次，联盟无人能及。他依靠独特鬼魅的节奏变化与狡黠多变的运控技巧，再加上无惧对抗的性格，让他过人如麻，持球攻筐，几乎无法阻挡。

风骨传略

谢伊·吉尔杰斯－亚历山大，这位身材瘦削的加拿大控卫在 2018 年选秀大会中并不引人瞩目，于首轮第 11 顺位被黄蜂选中，随后被交易至快船。虽然亚历山大在洛杉矶崭露头角，但在 2019 年又被快船送到雷霆。频繁换队并没有消磨这位年轻人的锐气，这位 1.98 米的高大控卫终于在俄克拉荷马城华丽绽放。

彼时“雷霆三少”相继出走，亚历山大成为群龙无首的俄城青年军新王。他在雷霆的 4 个赛季里逐步蜕变，已成为 NBA 顶级控卫。2022/2023 赛季，亚历山大以 51% 的投篮命中率场均砍下 31.4 分，还有 4.8 个篮板、5.5 次助攻入账，成功跻身最佳阵容一阵，入选全明星，并且连续三个赛季蝉联联盟的突破王。2023 年，亚历山大还在国际赛场扬名立万，率领加拿大男篮夺得篮球世界杯的铜牌，场均得到 24.5 分，其中两分球命中率高达 63.1%，入选最佳阵容的同时，还展现了 NBA 突破王的风采。

虽然拥有不俗的中投能力，但亚历山大还是喜欢持球突破到禁区攻筐，并且拥有无比丰富的篮下得分手段，无论滑翔上篮、暴扣、勾手还是抛投，他都驾轻就熟。在 NBA 比赛中，亚历山大拥有近 60% 的进攻是持球进攻，其中的大部分选择直接攻筐，是联盟中比肩东契奇和哈登的单打“大魔王”。

亚历山大是联盟屈指可数的持球进攻大师，有着丝滑顺畅、娴熟绝伦的持球运控技术。他在持球突破时，拥有鬼魅般节奏变化，加上强大的变速、变向能力，以及一系列华丽的（背运、转身、胯下、连续拉球等）突破脚步，让他能轻松摆脱对手，制造投篮或者攻筐的空间。

持球攻筐要诀

1. 在三分线外弧顶或45度位置减速运球，降低重心蓄势待发。
2. 找到空隙奋力迈出第一步，在突破时保持好对球和身体的控制。
3. 突至篮下找到进攻空间，无惧身体对抗，根据对手的防守态势，选择最有效的攻筐方式。

亚历山大坐镇雷霆后场，指挥若定。他少年老成，胸有惊雷而面如平湖，在波澜不惊中斩将夺旗，有上将军之才。

亚历山大是联盟持球攻筐的高手，其篮下出手次数在所有后卫中仅少于莫兰特，屈居第二，但他的命中率（64%）显然更高。

强大的篮下终结能力，加上不俗的中距离投篮，就连一向蹩脚的三分球也渐入佳境，亚历山大成为新生代中最具得分效率的全明星。

2023 年 2 月 11 日，亚历山大只用 16 次出手就得到生涯新高的 44 分，成就了一场极致高效的经典比赛。NBA 上一位单场出手不超 16 次时得分 40+ 的球员，还要追溯到 2011 年的诺维茨基。

亚历山大闪耀波特兰摩达中心，此战他 16 投 13 中，19 罚 18 中，以超 80% 的神奇命中率，砍下 44 分，还送出 7 次助攻，率领雷霆在客场以 138 比 129 战胜利拉德领衔的开拓者。

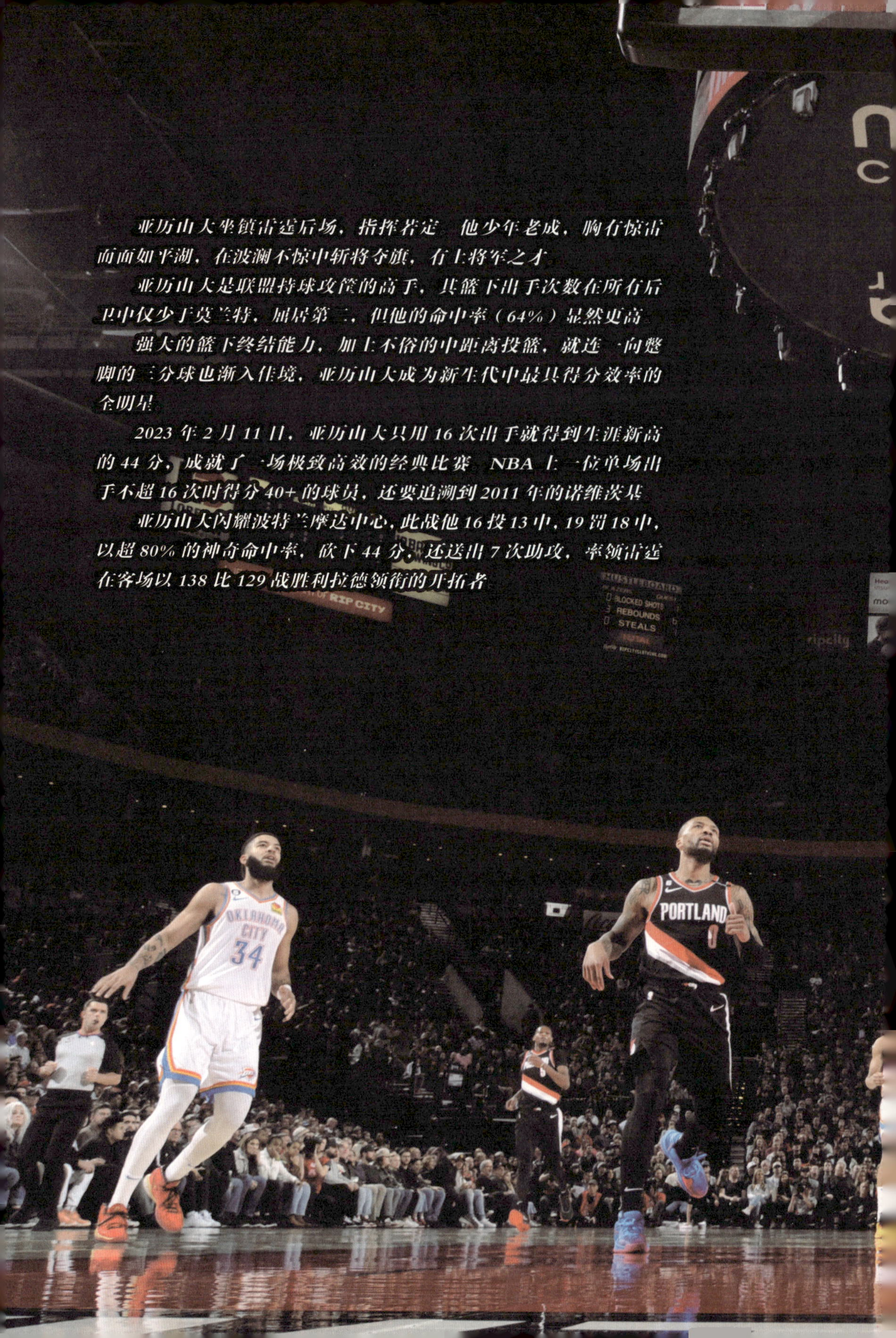

OKLAHOMA CITY
2
STATS CENTRAL
Let's Go Places
Fred Meyer
ripcity
PORTLAND
TISSOT

18 探臂上篮

詹姆斯·哈登

James Harden

五十四大巨星必杀技

技术要领◆突破上篮时探出双臂、双手握紧篮球，无惧暴露在对手防守区域中，对手如果大力切球即犯规，切球力小则不会掉球，可以直接上篮得分。

哈登的得分主要来源于三分投射和突破上篮。突破时他尽量将重心降低，以便更好地护球。而持球上篮时他习惯探出手臂，有利于博得犯规，这一招将哈登的狡黠与聪慧诠释得淋漓尽致。

风骨传略

“我见过所有防守，那些根本无法阻挡我。”当巅峰时的哈登说出如上的话语时，恐怕没有人认为那是妄语……他兼具出神入化的助攻与摧城拔寨的攻击，分别将赛季得分王（三届）与助攻王（两届）收入囊中，单场曾轰下 60+ 大三双，堪称双能卫的终极版。

积石有玉，列松如翠，郎艳独绝，世无其二。一对环眼射寒星，两鬓浓须如茂林。

哈登可以蝴蝶穿花般突破分球，疾风闪电般快攻引导，随心所欲地挡拆妙传，凭借自己高超的篮球智商和广阔视野，引领球队打出了流畅华丽的立体式进攻。

作为“魔球时代”的代表人物，他是继科比、韦德之后的 NBA 的第一得分后卫，哈登并不是只有三分球与突破，他最致命的武器是 MVP 级别的球商与大局观。

虽然没有超群的速度和爆发力，但哈登的“慢三拍”欧洲步还是颇具“妖刀”的风采，依靠节奏与变化就足以晃开大部分防守者。最后上篮时，哈登更喜欢迎着对手的强力防守完成上篮，此时他习惯性地探出手臂，以便增大被犯规的面积与概率，博得罚球。

哈登双手持球如钳，对手很难切球得手，如果不赔上犯规全力阻止，只能目送他轻松上篮得分，否则就是哨响罚球，或者“2+1”，哈登的这份狡黠让对手头疼不已。

探臂上篮要诀

1. 利用飘忽不定的欧洲步突入内线。
2. 突破上篮时双手持球，将双臂伸直，暴露在对方防区内，无惧对手切球。
3. 持球要紧，不轻易脱手。如果对手大力切球，顺势投篮博得罚球。反之对手切球不利，可以直接上篮得分。

13
11
LIGHT

胸有韬略，运筹帷幄，决胜千里，算无遗策。

哈登是难得的帅才，火箭在他的调度下，曾呈现出波澜壮阔的攻击潮。他拥有完美的球场洞察力、细腻的控传和极其出色的篮球智商。

他在雷霆成名，于火箭抵达巅峰，即使在76人，失去以往的运动天赋，但他还是依靠出色的球商和巨星底蕴，斩获2022/2023赛季助攻王，并在东部半决赛两次砍下40+，两度率队击败强大的凯尔特人。

19 接球即投

克莱·汤普森

Klay Thompson

五十四大巨星必杀技

技术要领◆通过无球穿插跑位，摆脱防守，到达最佳的投篮出手位置，接球直接出手，发力自下而上，连贯无停顿，整个动作一气呵成。

巨星绝技

接球跳投是指球员接到传球之后迅速出手投篮的技术动作，汤普森无疑将这招练到登峰造极。与大多数投手接球后稍做调整后再出手不同，汤普森接球后几乎不做任何调整，瞬间完成出手，且命中率惊人。所以他这个快、准、稳且自然流畅的投篮方式是『接球即投』。

风骨传略

作为史上顶级三分射手，克莱·汤普森拥有教科书般投篮技术以及超级杀手的本能，其无球进攻已臻化境。在场上，他并不持球，总是通过不停地飘忽跑位以及队友的掩护配合，来寻找出手空间。一旦他找到手感并接球在手，就不再是隐匿暗夜的“刺客”，而是照耀人间的“汤神”。每逢勇士进攻乏力，汤普森总能火力全开。他曾单节独砍 37 分，三节豪取 60 分，三节命中 14 记三分球，将篮球的得分爆发力与效率都演绎到了无人企及的境界，当然，还有“G6 汤”的种种神奇表现。有时候，他比身边的库里还更具杀伤力。

汤普森出生于篮球世家，父亲迈克尔·汤普森是 1978 年 NBA“状元”、拥有两届总冠军戒指的一代名将。将门虎子，青出于蓝，汤普森取得的成就早已超过父亲。

2011 年首轮第 11 顺位被勇士选中后，汤普森就一直是金州的“非卖品”，他与库里组成历史最强投射型后场二人组，“水花兄弟”率领勇士写就“八年四冠”的金州童话 。

汤普森的接球投篮宛如“瀑布倒流”，华丽流畅，而又熟极而流。这种接球瞬间出手的方式令对手无暇封盖，加上汤普森“天生神射”的手感，让他成为当今 NBA 中最具瞬间得分爆发力与高效率的球员。他的进攻并不华丽繁复，凭借一手“接球即投” 便足以摧毁任何防守。但仅此一招也须千锤百炼，才会有“亦无他，惟手熟尔”的感觉。

接球即投要诀

1. 尽量在胸部或以上位置接球，接球时身体略微下沉，卸掉传球力。

2. 下肢发力，自下而上，球从胸口举至额头上方就迅速出手。

3. 投篮时辅助手肘内收，投篮手置于球的正下方，沿直线上举，自然流畅地快速抖腕出手投篮。

CHICAGO BULLS
CENTRAL DIVISION CHAMPIONS 2010 - 11
CAGO RUNS ON DUNKIN'
UNITED CENTER
CLUB
WARRIORS 105 7:33 3 63 BULLS
DUNKIN' DONUTS
BULLS 7
TISSOT
KIA

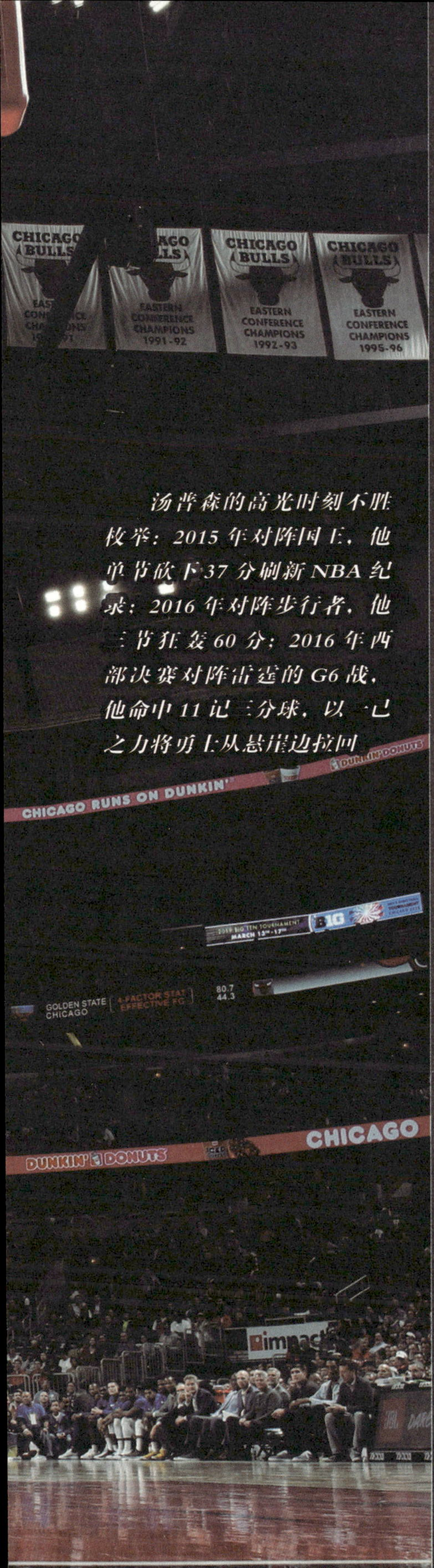

汤普森的高光时刻不胜枚举：2015年对阵国王，他单节砍下37分刷新NBA纪录；2016年对阵步行者，他三节狂轰60分；2016年西部决赛对阵雷霆的G6战，他命中11记三分球，以一己之力将勇士从悬崖边拉回

2018年10月30日，勇士在客场以149比124狂胜公牛，汤普森只出战27分钟，便豪取52分，其中三分球24投14中，创造NBA球员单场三分命中数的历史新纪录。

除了拥有历史级别的得分爆炸力之外，汤普森还是顶级的侧翼防守者。如此攻守兼备的3D球员天花板，自然也被勇士视若珍宝。

即便是汤普森在2019年总决赛遭遇左膝十字韧带断裂，之后又逢右脚跟腱断裂，但勇士与队友们不离不弃，愿意用941天的漫长等待，换回来一个健康的汤普森。

勇士所有的等待是值得的，虽然伤愈归来的汤普森状态有所起伏，但关键时刻他还是如约而至的“G6汤”，2022年西部半决赛第六场命中8记三分球；他还是“水花兄弟”中的“阿花”、库里身边最可靠的帮手。2022年季后赛，汤普森一共投进77记三分球，为勇士最终夺冠立下奇功。4届总冠军、5届全明星、2届最佳阵容、1届最佳防守阵容以及多项三分纪录，汤普森荣耀满载，他与库里、“追梦”格林完美契合，共同缔造了勇士“四冠王朝”。

20

空旋上篮

Jamal Murray

贾马尔·穆雷

五十四大巨星必杀技

技术要领◆通过挡拆为自己创造空间，随后压低重心极速杀入内线，起飞后先用一个挑篮假动作晃过对手，随后在空中闪转腾挪完成得分。

空旋上篮，即在空中上篮时依靠各类上篮手型和肢体旋转为自己创造空间的得分方式。在魔球盛行的当下，这样的得分技艺几近失传，但穆雷用空旋上篮为当今篮坛带来一场文艺复兴。

风骨传略

贾马尔·穆雷本身就是一部励志传奇，如果没有伤病，他本应扶摇直上，而突如其来的大伤让一切戛然而止。穆雷在养伤期间一度担心被交易，而掘金始终不离不弃，耐心等待他伤愈。穆雷归来之后，与约基奇携手率领掘金终夺首冠，演绎出动人的丹佛故事。

2016 年首轮第 7 顺位被丹佛掘金选中，之后穆雷的杀手本能开始释放。2020 年园区季后赛，他在对阵爵士的系列赛取下两场 50+。整个季后赛穆雷以超 50%的命中率场均轰下 26.5 分，三分命中率高达 45.3%，一位高效的天才得分手呼之欲出。然而 2021 年 4 月 13 日对阵勇士，穆雷遭遇左膝前十字韧带撕裂，因此几乎断送了职业生涯。

经过漫长的 575 天的等待，穆雷终于伤愈归来。2023 年季后赛，掘金异军突起夺冠，约基奇固然强大，而穆雷的表现也足够惊喜。西部决赛对阵湖人，他在第二场末节独砍 23 分，第三场上半场轰下 30 分，可谓杀人诛心，为掘金横扫对手写下伏笔。

这是被“妖刀”吉诺比利盛赞为“有生之年见到过的最佳上篮”，诞生于 2020 年西部决赛的舞台。2020 年 9 月 25 日，西部决赛第四场的第二节，穆雷疾风般突入禁区，滑翔在空中的他轻巧躲开詹姆斯的遮天大帽，用一招空中换手极限拉杆挑篮得分。

突破快若闪电，上篮举重若轻，穆雷的空旋上篮在滞空瞬间迸发出惊人创造力，兼具实战与美感，宛如一幅绝世名画，又如刺穿防守重铠的温柔一剑。

穆雷出身名门肯塔基大学，在隆多、沃尔、布克和福克斯等杰出同门中，穆雷的身体天赋并不出众，但他的得分感觉却属于顶级，投射精准、突破犀利，球风华丽并且效率惊人，此外他还有一颗大心脏。

空旋上篮要诀

1. 用掩拆或掩切完成横移，随后快速完成第一步突破。
2. 在起跳瞬间用一个上篮假动作晃飞对手。
3. 在对手提前做出防守动作后，用拉杆或者转身的方式找到上篮角度。

MOURNING
33
1
WADE
3
MARTIN
16
HEAT
22
BOSTON
7
Being a HEAT fan is better when you're an AAdvantage® member.
MONDAY 8:30PM

兵器谱

五十四大巨星必杀技

攻守有道

21-40

21

横撤步跳投

杰森·塔图姆

Jayson Tatum

五十四大巨星必杀技

技术要领◆横向撤步要突然，步幅不要过大但要快。撤步前要压低重心变向运球，佯装欲突破，误导对手防守失位，快速向侧方撤步，从而创造出投篮空间。

哈登把后撤步跳投演绎成一种风靡篮坛的得分方式，而塔图姆却推陈出新，在这基础上转化为横撤步跳投。连续体前变向之后一个横撤步，把防守者晃在原地，从而创造出充足的出手空间，然后，潇洒投篮。塔图姆经常在三分线外横撤步跳投，并保持极高的命中率。

风骨传略

贵为 2017 年 NBA“探花”，杰森·塔图姆在“菜鸟”赛季便随“绿衫军”杀入东部决赛，并在首次季后赛一共砍下 351 分，排名历史第二。塔图姆俨然成为凯尔特人少主，他与杰伦·布朗组成“双探花”组合，联手率领凯尔特人在此后三进东部决赛，并在 2022 年挺入总决赛，可惜巅峰梦碎。凯尔特人无缘夺冠，作为主将，塔图姆负有不可推卸的责任。

不可否认，塔图姆在“魔球时代”创造了一系列飙分佳话。2023 年全明星赛，他独砍 55 分，刷新得分纪录，斩获 MVP。2023 年东部半决赛第七场，他轰下生涯新高的 51 分。然而，塔图姆虽然佳作不断，却无法率凯尔特人于季后赛再进一步。这位在“魔球时代”扶摇而上的当红巨星也受到“魔球理论”的反噬，面对季后赛高强度防守模式，塔图姆大量三分球出手换不回稳定的得分收益，而他又在适应“魔球”潮流中失去曾经稳定的中投。攻坚乏术，过度依赖三分手感的塔图姆，在季后赛高端局变得起伏不定。

虽然塔图姆过度依赖手感，但不可否认，一旦他找到手感，就会变得无法阻挡，尤其是他的横撤步跳投。2023 年东部半决赛第六战，塔图姆在第四节最后 4 分钟之前形同梦游，14 投仅 1 中。正当所有人都以为已经 3 负的凯尔特人必将被淘汰之际，塔图姆在最后 4 分钟 15 秒突然觉醒，飙中 4 记三分球，打出绚丽的一波流，率队击败 76 人，完成自我救赎。

塔图姆是当今联盟最炙手可热的美国本土小前锋，被NBA寄予厚望，甚至被拟定为詹库之后联盟新的门面人物。

塔图姆出身名门，顶着“曼巴传人”的头衔成为凯尔特人的少主，汲取豪门气韵，傲立于“魔球时代”的潮头。

横撤步跳投要诀

1. 连续（胯下）变向运球，佯装突破，力求调动对手的防守重心。
2. 坠步急停，快速合球的同时，持球的外侧脚用力蹬地做横撤步。
3. 创造出充足出手空间的瞬间，垂直跳起，完成投篮。

YOUR LEAGUE. YOUR BENEFITS.
VISTA PRINT
BOSTON
0

2023年5月15日，东部半决赛“抢七大战”在北岸花园球馆打响。生死对决，自古就是诞生英雄的舞台！

此役，塔图姆28投17中，三分球10投6中，罚球14投11中，轰下51分，超库里的50分，创NBA“抢七大战”大战的历史得分新高。在上一场完成救赎之后，此战塔图姆又上演了旷古绝今的“抢七独角戏”。

反观76人，坐拥常规赛得分王+MVP恩比德，助攻王哈登，在此轮半决赛一度以3比1领先，却输得如此彻底，果然76人教练老里弗斯自带被逆转属性。

22 钟摆过人

吉米·巴特勒 Jimmy Butler

五十四大巨星必杀技

技术要领◆拿球时上身保持竖直，晃动时重心向下，虚晃时双脚交替发力，注意控制中枢脚不要有拖动，避免被吹罚走步。

『钟摆过人』是足球场上『外星人』罗纳尔多的招牌绝技，因其突破时身体晃动形似钟摆而得名。在篮球场上，巴特勒的持球双虚晃顺步突破与『钟摆过人』有着异曲同工之妙，他在突破时一旦次祭出此招，往往令防守者束手无策。

风骨传略

吉米·巴特勒究竟有多强？2023 年季后赛再次刷新世人的认知。他率领一群由落选秀与低顺位球员组成的热火，一路灭雄鹿、败尼克斯，东部决赛掀翻强大的凯尔特人，虽然总决赛不敌掘金，但热火创造了 NBA 史上最伟大的“黑八”奇迹，巴特勒就是奇迹的执笔者。

2023 年季后赛首轮，巴特勒在 G4 战轰下 56 分，在 G5 更是命中匪夷所思的绝平球，并独砍 42 分，率领热火以 4 比 1 淘汰了“字母哥”领衔（常规赛战绩第一）的雄鹿。决战东部之巅，巴特勒更是让绿衫众将谈之色变。而那尊东决 MVP 奖杯，对于心存高远的巴特勒不值一提。热火这支天赋平平的球队，能四年两进总决赛。巴特勒，这位在常规赛表现寻常的普通球星，能在季后赛碾压那些超级巨星，这一切充满未解的玄奇。

超巨之下我无敌，超巨之上一灭一！巴特勒以凡人之躯打出旷世绝伦的个人神迹，这一幕令人不禁想起乔丹，二人不仅形神皆似，而且巨星属性上也无限接近。

身高 2.01 米、臂展 2.02 米，静态天赋并不出色，加上 2011 年选秀第 30 顺位的出身，让巴特勒在 NBA 的开端并不闪亮，但低开高走，这位在常规赛不温不火的防守悍将，总能在后赛的高端局上大放异彩，率领热火一直傲居在东部之巅。他的卓越球商与强悍心智，加上全面身手，成为联盟中攻守俱佳、有球无球兼备的外线持球大核心。

钟摆过人要诀

1. 向一侧做刺探步，球顺势下摆，脚触地后立即向反方向蹬地。
2. 膝盖、髋、肩膀跟随重心变化摆动，虚晃时双脚交替发力。
3. 当重心转移到另一侧时，这一侧的脚突然蹬地发力加速向前突破。

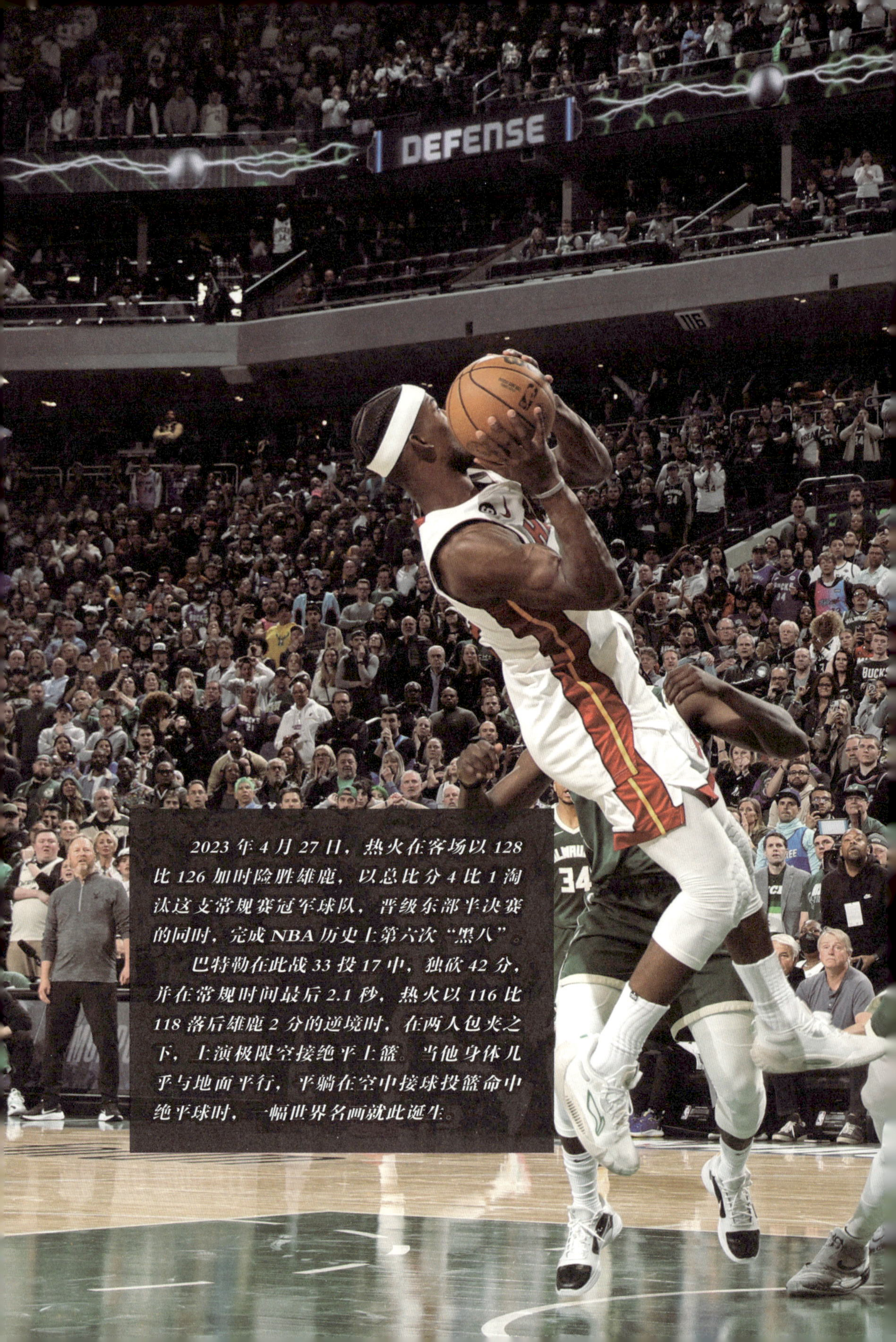

2023 年 4 月 27 日，热火在客场以 128 比 126 加时险胜雄鹿，以总比分 4 比 1 淘汰这支常规赛冠军球队，晋级东部半决赛的同时，完成 NBA 历史上第六次“黑八”。

巴特勒在此战 33 投 17 中，独砍 42 分，并在常规时间最后 2.1 秒，热火以 116 比 118 落后雄鹿 2 分的逆境时，在两人包夹之下，上演极限空接绝平上篮。当他身体几乎与地面平行，平躺在空中接球投篮命中绝平球时，一幅世界名画就此诞生。

巴特勒继上一场独砍 56 分之后，此战 42 分 + 神仙球绝平，率领热火逆转击败并淘汰强大的雄鹿，此后更是一路杀入总决赛。

2023 年季后赛，巴特勒以凡人之躯打出旷世逋玄的个人神迹，率领热火笑傲东巅，成为继 1999 年尼克斯之后首支黑八进总决赛、也是历史唯二的黑八总决赛球队。

23 二段式中投

德玛尔·德罗赞

Demar Derozan

五十四大巨星必杀技

技术要领◆分为两段力传导，第一段腿部蹬地发力，通过伸髋将力传导至腰腹核心，第二段跳到最高点，同时核心力传导到手臂，双手举球到最高出手点投篮。

巨星绝技

德罗赞是当今 NBA 屈指可数的古典得分后卫，有着华丽繁复的进攻脚步、张弛有度的节奏变化以及稳定的中距离跳投。作为能将二段式中投运用到熟极而流的现役球员，德罗赞继承了乔丹、科比那些伟大得分后卫的绝学，将濒临消亡的中投艺术发扬光大。

风骨传略

2009 年 NBA 选秀大会因为拥有库里、哈登与格里芬等璀璨群星而被称为“铂金一代”，当然，“铂金一代”中不能缺少德玛尔·德罗赞的身影，他在首轮第 9 顺位被猛龙选中，在多伦多 9 个赛季蜕变为“北境之王”，率队连续 5 年杀入季后赛。2018 年，德罗赞与伦纳德互换东家。马刺 3 年，德罗赞又在老帅波波维奇身边开发出组织串联能力。2021 年，德罗赞来到芝加哥公牛，这位“平民版乔丹”欲沿袭当年乔丹的足迹。

2022 年跨年的前后两战，德罗赞用并不擅长的三分球上演背靠背绝杀，同年 2 月，他又以超过 50% 命中率连续 8 场得分 35+，再次创造 NBA 的得分神迹。虽然在当今以三分球与突破为主流的“小球时代”，德罗赞坚守古典中投似乎有些不合时宜，就像是一位穿越到现代热武器战场的古代武士，手持冷锋长刀虽未成为最终胜利者，但球迷们都记住了他的独特风骨，而且他的中投真的很锐利。

悉数过去 10 年 NBA 中距离跳投出手排行榜，德罗赞以超过 5000 次出手高居第一，而且他的中距离跳投已达到炉火纯青的境界，屡次在关键时刻成为制胜杀招。

2021 年马刺大战独行侠，德罗赞在最后 0.5 秒撤步中投完成绝杀。奇才主帅小昂塞尔德评价：“他的中投就像上篮一样准。”这也是对德罗赞中投的一种称赞与诠释。

德罗赞深谙古典中投技艺，在中距离舞台上长袖善舞，投篮美如画，让人不禁想起乔丹、科比以及那些得分后卫叱咤风云的黄金年代

二段式中投要诀

1. 持球到中距离区域，沉球在腰部以上，双脚起跳，腿部蹬地发力。
2. 通过伸髋将力传导至腰腹核心部位，随着跳到最高处的同时，核心力传导到手臂，到最高点时出手。
3. 投篮的右手五指张开，掌心空出，左手的辅助位不变，低肘部发力。

虽然德罗赞喜欢在中距离寻找杀机，但这位古典得分手也在三分线外偶有"神来之笔"。当他在 2022 年跨年前后两场比赛最后一刻分别命中三分球，用并不擅长的远投绝杀了步行者与奇才，创造了 NBA"背靠背三分绝杀"的旷古神迹时，唯一的解释就是他体内的杀手本能驱使

2022年1月1日，美国当地时间2021年12月31日，公牛客场挑战步行者。这场年末大战杀得难分胜负，最后时刻步行者以106比105领先1分。

终场前最后3秒，德罗赞持球在弧顶突然发炮，命中一记压哨三分球，率领公牛以108比106险胜步行者，德罗赞也成为继乔丹之后时隔20年首次完成压哨三分球绝杀的公牛球员。

2022年1月2日，公牛背靠背客场挑战奇才，上一场绝杀步行者的硝烟还未散去，这一场德罗赞又奉献一记底角三分球绝杀，率领公牛以120比119逆转奇才，豪取7连胜，坐稳东部榜首。

德罗赞这记面对比尔的底角三分球绝杀，不禁让人想起2010年科比绝杀国王。而上一记面对步行者13号克雷格的骑马射箭，与科比2009年面对韦德命中那记打板三分球几乎如出一辙。

德罗赞用背叩开2022年的大门，还为NBA绝杀史树立了一个新的标杆。

五十四大巨星必杀技

24 突施远射

达米安·利拉德

Damian Lillard

技术要领◆超远投篮时防守压力较小，且拥有出色的超远三分能力，具有创造更大进攻空间的战略意义。出手要突然，适当加力双手向前推投。

巨星绝技

利拉德拥有一颗强横无忌的大心脏，并且在三分线外的手感不俗，加上超级自信，让对手总感觉他随时能在超远距离张弓搭箭，投出一记追魂三分球。近十年来，利拉德在距离篮筐9米开外的超远距离出手超过100次，且命中率达到32.6%，高居联盟超远三分效率榜的第二位，仅排在库里33.9%后面。倒在利拉德超远三分的箭下亡魂颇多。

风骨传略

达米安·利拉德，开拓者独一无二的王者，波特兰 11 年的坚守与“一人一城”的佳话，终抵不过两手空空的现实。为了总冠军，他曾在 2023 年的夏天申请交易。

利拉德是“撕裂之城”伤病击不垮的汉子，快意恩仇且锱铢必较，冷静如冰却犀利如刀。他与库里对飙三分且不落下风，他与威少互爆，上演“0 号峰会”。他面对乔治命中一记超远三分绝杀告别火箭，哨响之际，他指腕读表，宣布午时已到，后会无期。

他单挑火箭狂飙 71 分致敬科比，命中 13 记三分球逼平库里，生涯 5 场得分 60+，现役无人能及，堪称杀伐凛冽的得分机器。然而，利拉德始终饱受世俗的偏见，就连入选 NBA 75 大球星也饱受质疑，但他骨子里有一种任侠之气。沉默是金，他喜欢用行动来回击。

利拉德在场上充满自信，杀伐果断，雷厉风行。防守者面对他时总能感到扑面杀气，而且一过半场便内线发慌。因为利拉德会在超远距离就陡然出手，毫无预兆，也毫不讲理，而且拥有惊人的命中率，令人猝不及防。

实施远射要诀

1. 持球过半场即进入投篮状态，必要时也可以在后场就尝试投篮。
2. 在三分线外出手，趁对手还未贴上防守，有出手空间时果断出手。
3. 下肢发力传导至手臂，将双手举过额头即出手，侧身一段式投篮，尽量向上前方推，加大球的弧线。

外表冷若玄冰，内心却炽热疯狂，有休斯敦火箭在0.9秒内的猝死为证，那只是利拉德职业生涯的第一次季后赛。利拉德有一种与生俱来的杀手本能，越到关键时刻越冷静，让对手体会到一种凛冽彻骨的寒意。

虽然利拉德在近十年超远三分球的总效率上略逊于库里，但他在2019/2020赛季投进54记超远三分球，创下NBA单赛季的历史纪录。利拉德以一己之力将超远三分球变成如今NBA的常规武器。

1.4
TISSOT
LILLARD
0
SPALDING
NBA TV
PLAYOFFS

25

大三步攻筐

扬尼斯·阿德托昆博

Giannis Antetokounmpo

五十四大巨星必杀技

技术要领◆精髓在于要从尽量远的地方起三步（不必在三分线附近），以此增加攻筐的突然性，第一步用超大步幅强超对手，第二步后立即攻筐，衔接要流畅。

巨星绝技

大三步攻筐，「字母哥」的独门绝技，被称为 NBA 最难模仿的技术动作之一，欲练此招，必须先拥有超大的步幅、超长的臂展以及超强的运动能力，而这些「字母哥」都具备。当他持球快攻时，从三分线就开始起三步，第一步就晃开防守者，第二步已达罚球线以下，举火烧天劈扣，偶尔也会用挑篮攻筐。

风骨传略

自幼家境贫寒，成长之路也充满磨难，如果不是“踮脚门”等负面事件的影响，“字母哥”扬尼斯·阿德托昆博本应该是一部极其出色的励志传奇。不过，“字母哥”还是保留着那份真诚与淳朴，2023 年中国行，他让球迷们体会到了 NBA MVP 的亲和力。

2013 年选秀大会，“字母哥”在首轮第 15 顺位被密尔沃基雄鹿选中时，还是一位身材瘦削且青涩内向的希腊少年。而到了 2023 年，“字母哥”经过 NBA 十年磨砺，不断进化，已成为顶尖的超级巨星。他将总决赛、常规赛、全明星三大 MVP 集于一身，把最佳双一阵、最佳防守球员与 7 届全明星等荣耀收入囊中，并率领雄鹿夺得 2021 年总冠军。

“字母哥”身高臂长、天赋惊人，更拥有超大步幅，这让他能在三分线就可以开始三步攻筐。只见他三分线附近就开启超大的第一步，这一步就将防守者甩到身后。随后第二步已踏至罚球线附近（以下）区域，随后更令人惊奇的是，他竟然在这里一跃而起，完成一记飞身暴扣攻筐，跨越距离之远令人不仅想起乔丹经典的“罚球线扣篮”，不过那是扣篮大赛上的壮举，而“字母哥”将其带入实战之中，可谓世所罕见。

当然，“字母哥”的三分线大三步攻筐不仅靠天赋碾压，而且加上了变幻莫测的欧洲步，再用一记轻巧的挑篮完成得分，这些技术活儿对于“字母哥”来说可谓驾轻就熟。

“字母哥”是NBA历史级别的“天赋怪”，身高2.13米，臂展2.24米，跟腱更是达到NBA历史第一的34.3厘米，因此拥有顶级的弹跳、速度、爆发力与敏捷性。仅凭这些极致天赋，他就注定要成为NBA攻防一体的统治者，NBA上一位拥有这样天赋的球员是勒布朗·詹姆斯。

大三步攻筐要诀

1. 持球推进到三分线附近，快速收球并变向突破，迈出第一大步。
2. 前两步加入欧洲步变向，并且尽量加大步幅，第二步直达篮下。
3. 第二步闪出空间，单脚蹬地起跳，将球高举，完成扣篮或上篮。

“字母哥”在NBA中不断进化，从身材单薄的希腊少年蜕变成肌肉结实的“希腊怪兽”，随着身体不断强壮，“字母哥”那恐怖天赋也全面显现：加内特一样的防守端控制力，奥尼尔一样的终结效率，詹姆斯一样的全面与运动能力，除了不太稳定的三分球投射与罚球，“字母哥”几乎没有短板。

2021 年，“字母哥”完美地展现了天赋，达到生涯巅峰。

首先他在全明星赛上 16 投全中，得到 35 分，成为首位（投篮 10 次以上且全中）命中率 100% 的全明星 MVP。2021 年季后赛，他又克服了罚球心魔，克服了左膝伤痛，率领雄鹿一路逆袭，最终总决赛以 4 比 2 逆转击败太阳，夺得总冠军，并荣膺了总决赛 MVP。总决赛第六场，“字母哥”豪取 50 分、14 个篮板，罚球 19 罚 17 中，还送出 5 次盖帽，打得“状元”中锋艾顿狼狈不堪，也给布克内心留下不可名状的伤痕。此战也让“字母哥”证明自我、定鼎封神。

26

逆天展腹

贾·莫兰特

Ja Morant

五十四大巨星必杀技

技术要领◆靠近篮下时起跳，以便于上篮或扣篮时出手半径覆盖篮筐。腾空时收腹展腹，用这套折叠动作躲开防守并蓄力，落地之前完成攻筐。

巨星绝技

莫兰特是独一无二的『腰王』，拥有逆天的腰腹力量与弹跳。他总喜欢将自己弹射到空中，再思考用何种方式攻篮，能扣篮绝不上篮，要不就奉献一记十佳球级别的极限拉杆。没办法，拥有『天下第一腰』，莫兰特就是这样任性。

风骨传略

2019 年 NBA 选秀大会，贾·莫兰特在首轮第二顺位被孟菲斯灰熊选中。

莫兰特初入联盟大放异彩，一举夺得最佳新秀，在第三个赛季便成为全明星首发，并荣膺进步最快球员。他个性鲜明、恣意张扬，虽然偶尔口出狂言，遭遇舆论抨击，但他还是凭借狂野无畏的球风收获了无数球迷。能在如今三分球为主的“小球时代”不合时宜地频繁冲筐，莫兰特身上浮现了艾弗森、威斯布鲁克与罗斯那些劲爆控卫巅峰时的身影。

虽然身材瘦削，但莫兰特拥有超强的弹跳与腰腹力量，他垂直弹跳达到惊人的 1.12 米，比 NBA 球员的平均值多出 20 厘米，比威少、罗斯与沃尔这些天赋球星还要出色。

出色的弹跳保证莫兰特足够长的滞空时间，他在滞空时又能凭借强大的身体控制力与逆天的腰腹力量，即兴创造出各种得分动作。而他喜欢在滞空时收腹、展腹，在“空中折叠窗”展开之后，随即奉上一记匪夷所思的攻篮（上篮、抛投或暴扣）。

莫兰特身高只有 1.91 米，体重仅 79 公斤，在长人林立的 NBA，他这位羽量级选手宛如风中之叶般轻盈，却偏偏喜欢书写那烈焰天风般壮美华章。

他喜欢隔扣那些巍峨如山的对手，从不畏惧失败。似乎要扣遍联盟所有内线的莫兰特，既像发誓要征服群峰的攀登者，也像挑战风车巨人的堂吉诃德。

逆天展腹要诀

1. 突破到篮下，无惧封盖，高高跃起，在空中阅读对手的防守。
2. 依靠强大的滞空能力，在空中收腹展腹，躲开对手的封盖。
3. 躲开防守的同时折叠蓄力，在落地前完成拉杆投篮。

MEMPHIS
12
SMITH
25
MEMPHIS
12
EVENT
SECTION
kroger

球风酷炫的莫兰特本有望成为NBA新一代的门面巨星，但因为“持枪门”事件的影响，他被联盟禁赛甚至一度远离NBA。希望莫兰特能迷途知返、浪子回头，早日重返赛场。

希望NBA能早日再现孟菲斯“腰王”飞天遁地的身影，因为他身上有着老派球员的倔强身影，但同时又具备新派球员的奔逸绝尘。

五十四大巨星必杀技

27 小提琴变向

达里厄斯·加兰 Darius Garland

技术要领◆体前变向误导（假动作）要逼真，引诱对手上前防守，瞬间将球拉至背后。注意要用手腕转动拉球，动作要丝滑流畅，不要翻腕，避免走步违例。

华丽流畅、灵动细腻，加兰的『小提琴变向』在当今篮球场可谓炙手可热。此绝技是由体前（变向误导）转到背后运球变向的一个高阶技术动作，体前转背后衔接时持球手腕一转，搂球悬浮，转接背后运球，顺势从运球一方寻找空间突破，或者再接一个『拜佛』加体前变向，从另一侧突破对手。

风骨传略

作为联盟新生代灵巧型控卫的杰出代表，达里厄斯·加兰速度奇快，人球结合能力超强，球风灵动飘逸，投射精准，其招牌式“小提琴变向”更是丝滑到了极致。

2019 年首轮第五顺位被骑士选中，克利夫兰将他视为继詹姆斯、欧文之后又一位将引领骑士走向辉煌的天才球星，他也是 NBA 史上第一个登场的“00 后”球员，其父温斯顿·加兰是曾在 NBA 征战 7 个赛季的实力悍将。作为名将之后，加兰被寄予厚望。

加兰在 NBA 可谓一帆风顺。他在 2021/2022 赛季场均就能砍下 21.7 分，不仅首次入选全明星，还荣膺技巧挑战赛冠军。2022 年 11 月 14 日，加兰对阵森林狼飙中 10 记三分球，末节狂轰 27 分，一共砍下 51 分。2022/2023 赛季，加兰与米切尔联手率领骑士取得 51 胜佳绩，时隔 5 年重返季后赛。可惜在季后赛的高端局，身高 1.85 米的加兰轻灵有余，强韧不足，米切尔亦然，他们领衔的骑士无法突破尼克斯的包围圈。

与同届的莫兰特刚劲打法不同，加兰擅长以节奏制人，跟老一代的控卫保罗一样，是充满灵性的球场指挥官，在他拿球的那一刻，一场赏心悦目的小提琴演奏随之拉开序幕。新秀赛季做客费城，加兰使出招牌绝技，在三分线外大秀背后运球加变向的丝滑操作，将以防守见长的 76 人悍将马蒂斯·赛布尔耍得晕头转向，“小提琴演奏家”从此名扬天下。

小提琴变向要诀

1. 连续胯下运球，佯装变向突破，力求调动对位者扑上防守。
2. 持球手搂球至背后，手腕转动，接背后运球变向，将球运至对方扑防的另一侧，可趁机突破。
3. 如遇对手及时补防，可以再通过“拜佛”接变向，觅得突破空间。

28

突破不减速

德里克·罗斯

Derrick Rose

五十四大巨星必杀技

技术要领◆快速持球推进，面对防守者，率先蹬地发力向（拟定）左侧跨出一步并佯攻，同时运球做体前变向，快速向右侧突破，整套动作要流畅自如。

巨星绝技

突破不减速，扣篮不挂筐。巅峰时罗斯在场上风驰电掣、无法阻挡，将速度与爆发力的优势淋漓展现。更关键的是，他能在高速运球奔袭时做到变向不减速，仅凭此招就足以晃开绝大多数防守者。大开大合的突破不减速让罗斯成为无数球迷的宠儿，也让他的膝盖不堪重负。因此，『风城玫瑰』虽然绽放时绚丽无双，却过早凋零，令人唏嘘不已。

风骨传略

德里克·罗斯，曾经的“风城少主”，芝加哥公牛继乔丹之后的真正领袖。2010/2011 赛季，罗斯场均贡献 25 分、7.7 次助攻，率领公牛斩获联盟战绩第一的 62 胜，以 22 岁年纪成为 NBA 史上最年轻的 MVP。然而，这位春风得意的 MVP 还未施展凌云志，就陷入伤病阴霾。接连而至的各种膝伤让罗斯风光不再，那位追风少年已消逝在斑驳的岁月之中。

2016 年夏天，罗斯告别家乡芝加哥，辗转尼克斯、骑士、森林狼、活塞，再归尼克斯，在颠沛流离中，他由圆寸头青年蜕变为辫发蓄须的大叔，不再如风般突破，而是中正平和地投篮。绚丽归于平淡，而他目光坚毅清澈，对于篮球热爱亦如当初。

虽然罗斯曾在森林狼梦回巅峰，单场砍下 50 分，却终是昙花一现。但即便如此，他依然是无数球迷心中的最爱，因为记忆中的玫瑰永不凋零。

巅峰时的罗斯勇猛无畏，速度惊人。他突然启动，插入禁区便是雷霆万钧的暴扣。这种搏命式的打法极具观赏性，固然惊艳世人，但难持久，就像花火，绚烂而短暂。他那脆弱的膝盖很快就不堪重负，这种变向不减速的突破也随着罗斯受伤而绝迹江湖。

突破不减速要诀

1. 持球面对防守者，突然启动第一步，利用速度优势摆脱对手。
2. 快速运球突进，在高速下依然能娴熟稳定地运球与控球。
3. 即便变向过人，依然不会有停滞与降速，人球合一，直达篮下。

29

突破中投

克里斯·保罗

Chris Paul

五十四大巨星必杀技

技术要领◆突破寻觅到空间时快速合球并出手，跳投时尽量加大后仰幅度，以免被封盖。出手后投篮手保持上扬的跟随动作，确保弹道正确轨迹。

巨星绝技

作为当今联盟屈指可数的中距离跳投大师，保罗在最近两个赛季的中投命中率榜上均领跑全联盟。他习惯于挡拆后再运球突破，寻觅到空间之后，再出手跳投。虽然身材矮小，但保罗控运皆入化境，小打大更是信手拈来。因为他常持球在手，所以受助攻率是联盟最低，但并不妨碍他随心所欲地得分，因为他拥有无解的突破中投。

风骨传略

克里斯·保罗初入 NBA，曾是轻灵迅疾的新奥尔良“蜂王”，之后在洛杉矶创建了“空接之城”，他与哈登联手打造了火箭版“终极五小”，一度纵横无匹，在 2017/2018 赛季豪取 65 胜联盟最佳战绩，可惜遭遇巅峰“宇宙勇”。而在菲尼克斯，他让太阳从西升起……如果没有伤病，保罗早应戴上总冠军戒指，恰恰就是因为屡次如期而至的伤病，让保罗成为球迷心中“无处话凄凉”的意难平。

作为 NBA 近 20 年来的最佳控卫之一，保罗不应留下无冠结局。如今虽然双鬓染霜，但老骥伏枥，志在千里。38 岁的保罗远赴金州， 联袂老对手库里，为总冠军做最后一搏。自此，当今联盟最好的两大控卫终于并肩作战，希望保罗最终能圆梦总冠军。

保罗不仅控球与传球技术出神入化，而且拥有不俗的得分能力，他生涯场均得到 18 分、9.5 个篮板，均达到一流水准。保罗在场上聪慧敏锐，在攻防两端能量无穷，他入选 11 届最佳阵容与 9 届最佳防守阵容足以说明一切。随着年龄增长，保罗失去了如风的速度，却在中距离上磨砺出致命武器。受限于 1.83 米的身高，保罗很少定点中投，容易被封盖，他总是习惯于通过变化莫测的运球，在闪转腾挪间创造出手空间，然后用后仰跳投来得分。

突破中投要诀

1. 运球突破到中距离区域。
2. 单手悬浮运球，持球横移动两步摆脱对手，找到出手的空间。
3. 快速合球，将球举过头顶，快速出手。投篮时辅助手只支撑不发力，投篮手手指向前上方发力，手腕下压，确保球沿抛物线轨迹运行。

30

击地传球

史蒂夫·纳什 Steve Nash

五十四大巨星必杀技

技术要领◆击地传球是配合的艺术，不仅持球人传球要出其不意，接球人也要心领神会。进攻方可以在挡拆后无球人内切，持球人随即击地妙传。

巨星绝技

击地传球，是持球者通过击地的方式将球穿越防线传给队友，这是一种力度、角度与时机都拿捏到极致的艺术传球。纳什在行进间经常通过击地妙传将球送给空位的队友，因为皮球通过地面反弹，其线路具有很强穿透力和隐蔽性，让重兵布防的对手们通常顾此失彼，给球迷一种绝处逢生的新奇感觉。这种充满创造力的即兴之作，需要很高的球商，显然纳什能运用自如。

风骨传略

史蒂夫·纳什胸有韬略，腹有良谋，是场上运筹帷幄的顶级指挥官，也是“小球时代”的铿锵先行者。他在“跑轰大师”德安东尼教练麾下，率领太阳打出流苏般的 7 秒进攻，在 2005/2006 与 2006/2007 赛季席卷联盟，纳什也大放异彩，两度加冕常规赛 MVP。

“风之子”虽然只是起于青蘋之末的那一抹微风，却搅动天下风云，点燃了一众队友的进攻灵魂，让太阳成为当年那支最赏心悦目的进攻天团。纳什宛如菲尼克斯浴火重生的凤凰，斯塔德迈尔和马里昂像他凌空展开的双翼，而乔·约翰逊、昆丁·理查德森、拉加·贝尔和巴博萨等球员就像他手中的弓箭。虽然那支具有不断尝试精神的跑轰太阳最终未能夺冠，但纳什在“小球时代”时代到来之前就书写的跑轰序章，足以留名青史。

纳什在场上能清晰阅读比赛，知道球应该传在哪里。此外，纳什也是一名高效得分手，生涯真实命中率达到 60.5%，三分球命中率超过 40%。出色的进攻能力也让纳什在持球推进时遭遇对手的包夹与围堵，但他在行进中拥有广袤大局观和敏锐判断力，能感知到队友的方位，并能将球传妙给无人盯防的队友，后者可以轻松将球命中。

击地传球要诀

1. 持球人推进至前场，可以选择档拆进攻，也可以选择运球突破。
2. 注意观察对手的防守阵形以及想要传球的队友之跑位路线。
3. 出其不意且随机应变地击地传球，如遇夹击，可以从人缝中塞传；如遇单防，可以绕人兜传。

31 战斧隔扣

安东尼·爱德华兹 Anthony Edwards

五十四大巨星必杀技

技术要领◆此隔扣不仅需要过人胆识，还需要顶级速度与弹跳力，以及极强的平衡与控制力，做到扣篮势大力沉的同时，又能避免犯规安稳落地。

战斧隔扣是篮球场上极具观赏性和感染力的得分技能。进攻球员不仅要拥有出色的爆发力和弹跳力，还要拥有一颗无畏、自信的大心脏，爱德华兹深谙此道。当他完全舒展，宛如大鹏展翅凌越空中之时，对面的防守者就难逃惨作背景板的噩运。爱德华兹隔着对手将球砸进篮筐，瞬间一个新的名场面诞生了。

风骨传略

安东尼·爱德华兹宛如一辆坦克般驰骋在篮球场，他承袭了老派球星的风格，更承袭了老派球星的风骨与担当。虽然美国队在 2023 年篮球世界杯表现得不尽如人意，仅获得第四名，但爱德华兹的表现令人眼前一亮。他不仅迅速成为这支青年军的领袖，还以场均 18.9 分、4.6 个篮板的出色数据，入选了世界杯最佳阵容。

爱德华兹在 NBA 的履历同样闪亮。作为 2020 年的“状元”，他在森林狼早早就确立了“少当家”地位，首个赛季入选最佳新秀阵容，在第三个赛季便入选全明星，赛季场均以 45.9% 的命中率砍下 24.6 分，并贡献 5.8 个篮板和 4.4 次助攻。

自 2020 年进入 NBA 以来，爱德华兹已经不止一次奉献战斧隔扣名场面：菜鸟赛季对阵猛龙，爱德华兹面对渡边雄太的封盖，一记逆天的平筐战斧隔扣震惊联盟；生涯第二年对阵热火，爱德华兹在一次快攻中上演滑翔战斧隔扣，热火后卫文森特被直接扣翻在地，只可惜裁判不解风情，将这记十佳级的隔扣吹掉；2023 年 NBA 春节之战，爱德华兹再现战斧隔扣绝技，这一次火箭队 2.08 米的申京沦为背景板。

得益于早年间从事橄榄球运动练就的雄浑体魄与粗壮身板儿，让爱德华兹转战篮球场依旧能自由驰骋，他不喜欢花哨运球，热衷直杀内线达阵得分，沿袭了橄榄球的风格。

爱德华兹凭借这种简单粗暴的打法，在如今小球盛行的NBA独树一帜。球迷们看惯了那些闲月清风的三分远射，被爱德华兹势若奔虎的长驱突进、雷霆万钧的隔人暴扣唤回激情，爱德华兹也成为NBA新一代中最劲爆的重型后卫。

战斧隔扣要诀

1. 持球加速杀向篮筐，势若奔虎。
2. 迎着上前封盖或者欲造进攻犯规的对手，高高跃起，抡臂如斧钺开山，隔着对手将球狠狠砸入篮筐。
3. 隔扣时非持球手不要发力接触对手，并抢在对手站定圈外前隔扣。

32 空接暴扣

安东尼·戴维斯

Anthony Davis

五十四大巨星必杀技

技术要领◆空接之前，要与传球的队友做好沟通。在队友传球瞬间，精确把握起跳时机，双手扬起接球，扣篮完毕，注意借助惯性卸去余下的力道。

空接暴扣兼具技术流的细腻性与暴力美学的力量感，是天才的特权。「浓眉」戴维斯依靠一手空接暴扣，展现出篮球运动在篮筐之上的无限可能。身高臂长、跑跳如飞，「浓眉」有着摩天摘星的本钱，当他侧翼突然加速，詹姆斯那心领神会的传球随即送到，又高又疾，令防守者触不可及，却被「浓眉」稳稳接住并狠狠扣入篮筐。

风骨传略

2012 年，安东尼·戴维斯贵为享誉全美的天之骄子，毫无悬念地成为 NBA“状元”，在首轮第 1 顺位被新奥尔良黄蜂选中。2013 年，黄蜂更名为鹈鹕，“浓眉”戴维斯成为垂翼九天的金翅大鹏。他在新奥尔良淬炼七年，在洛杉矶华丽绽放。2020 年，戴维斯与詹姆斯联手率领湖人在园区夺得总冠军，“浓眉”也在内线攻守两端展现出统治级表现。

2023 年季后赛，“浓眉”毁誉参半。虽然他屡次成为擎天柱，护佑湖人杀入西部决赛，但在西部内线巅峰对决中还是稍逊于神奇的约基奇，湖人惨遭掘金横扫，带伤上阵的“浓眉”遭遇口诛笔伐。有人批评他过于懈怠，有人吐槽他沉迷游戏，但没有人质疑他的实力，因为他曾单场豪取 59 分、20 个篮板砍，全明星赛狂砍 52 分，2020 年西部决赛用一记三分球绝杀的就是约基奇的掘金。毫无疑问，一个健康的“浓眉”还是“小球”时代内线霸主。基于此，湖人在 2023 年休赛期为“浓眉”奉上一份 3 年 1.86 亿美元的合同，这份 NBA 史上最高年薪的合同签订，也意味着“浓眉”与紫金结下不解之缘。

2019/2020 赛季，戴维斯来到湖人的首个赛季，詹姆斯就为他送出联盟（两位球员之间）最多的助攻，其中不乏精彩的空中接力，一时间比肩“詹韦连线”的“詹眉连线”惊现江湖。随着那个赛季湖人夺冠，詹姆斯与戴维斯也成为制霸联盟的“王炸”组合。

“浓眉”戴维斯拥有2.08米的标准大前锋身高，2.27米的狼蛛般臂展，其静态天赋无与伦比。加上顶级的运动能力，能让他能在三分线和禁区之间来回扫荡，在禁区里干扰所有投篮，将头顶飞过的皮球尽数扣进篮筐。

此外，戴维斯自幼打的是控球后卫，因为身高猛增才被迫闯入大个子的世界，所以他娴熟地掌握了外线球员的运控和投射技巧，还练出内线球员所不具备的敏捷与轻盈。

空接暴扣要诀

1. 在侧翼突然加速，或者通过掐折、反跑摆脱对手，为自己创造空间。
2. 与队友形成默契，待传球刹那间，依靠小腿发力，高高跃起。
3. 双臂扬起，接球扣篮，完毕后注意依靠惯性来卸去冲击力。

33

虚晃抛投

特雷·杨

Trae Young

五十四大巨星必杀技

技术要领◆通常从45度角位置突破，以保持进攻或传球的开阔空间。用手指拨球抛投，腾空时要保持身体的平衡与协调，碰撞时也能出手投篮。

抛投是篮球场上小打大的一个绝招，特雷·杨显然是NBA抛投高手。在抛投之前的行进间，他习惯通过变速、变向以及节奏变化创造无限可能，并喜欢上演声东击西的戏码，先假传，再真投。这虚晃一传让防守者心生迷惑，而就在迷惑的瞬间，特雷·杨抛投出手，宛如袖中箭一般杀人于无形。

此外，特雷·杨抛投出手即便遇到防守也无惧对抗，他可以借力打力完成韦德式上篮，也可以造成对手犯规。

风骨传略

特雷·杨绰号“小库里”，他年少疏狂、自信张扬，拥有广袤的射程，用各种超远三分球在长人林立的NBA轰出属于自己的一方天地。而他治下的老鹰也不甘心偏安一隅，在2021年逆风飞翔，一直飞到东部决赛的舞台上。特雷·杨在自己的首个季后赛之旅大放异彩，首秀即绝杀，终场前用一记上篮终结尼克斯的梦想。东部决赛首战雄鹿，特雷·杨又豪取48分、11次助攻，闲庭信步间率老鹰完成猎鹿行动。

他在麦迪逊花园做嘘声、聆听的动作，无惧纽约人民的“问候”；他在费哲球馆肆意抖肩，于“字母哥”的地盘儿上演“飞扬跋扈为谁雄”的英雄独角戏。虽然受限于身高体重的不足，让特雷·杨很难突破自己，在近两年有些沉寂，但他瘦小身躯里依旧拥有巨大能量。

2021年5月24日，特雷·杨在自己生涯的第一场季后赛，顶着麦迪逊花园漫天的嘘声，在最后0.9秒极限抛投，命中绝杀球，率领老鹰以107比105险胜尼克斯。

那是特雷·杨的最后一攻，双方战成105平。他在中线附近持球启动，晃过尼利基纳，随后沿左侧肋部直线突入禁区，待尼克斯内线合围之前，特雷杨还做出一个传球假动作，就在尼克斯众将些许迟疑之际，特雷·杨抛投出手，皮球高弧线入网。

虽然身材瘦小，但特雷·杨拥有一颗大大的心脏。2018 年选秀大会，他在首轮第 5 顺位被达拉斯小牛（独行侠）选中，顶着“与东契奇互换”的光环驾临亚特兰大老鹰。此外，特雷·杨还是 NCAA 首位得分王 + 助攻王。

虚晃抛投要诀

1. 用指拆横移创造突破空间，随后快速启动，开始突破。
2. 突至内线遇到防守时，起跳的瞬间先做一个分球的假动作。
3. 对手分神之际，快速收球，变传为投，身体后仰，以免被封盖。

34 钉板大帽

德怀特·霍华德 Dwight Howard

五十四大巨星必杀技

技术要领◆在对手合球迈完第二步之后先起跳，起跳后伸臂封锁对手上篮的球路，在球上升之时便将其钉在篮板上，避免球下落而被判干扰球。

在追防与协防中，「钉板大帽」是摧毁对手进攻的终极防守利器。霍华德在巅峰时期可凭一己之力筑起魔术队的内线屏障，用绝对的空中优势给对手以威慑力。如果有人想挑战「魔兽」的权威，他会送上一记残暴的「钉板大帽」。

风骨传略

初入联盟，德怀特·霍华德便飞天遁地、大放异彩。在那个快打旋风逐渐兴起、传统中锋濒临绝迹的年代，他蜕变成为唯一能扛起联盟内线大旗的“魔兽”。

从 2009 年到 2011 年，霍华德连续三年荣膺最佳防守球员。2008 年北京奥运会，霍华德成为那支星光璀璨“梦八队”的首发中锋。2009 年季后赛，他又率领魔术淘汰詹姆斯领衔的骑士，达到东部之巅。2008/2009 赛季，霍华德包揽了篮板王、盖帽王、最佳防守球员、全明星票王入选最佳双一阵，完美地诠释现役最强中锋，成为唯一能单换詹姆斯的球员。

然而，命运无常。2012 年，霍华德告别魔术，先后加盟湖人、火箭，尝试与科比、哈登的联手均以失败告终。虽然霍华德拥有无与伦比的个人天赋，但他始终未开发出过硬的自主进攻与中远投能力，这让他随着年龄增长天赋流失而变得无所适从。

2020 年，虽然霍华德变身为兢兢业业的“霍师傅”，随湖人夺冠之后，终于戴上了总冠军戒指，但那只是昙花一现，曾经叱咤联盟的“魔兽”再也无法重现往日峥嵘。

2009 年总决赛，虽然魔术以 1 比 4 不敌湖人，错失总冠军，但霍华德在总决赛中还是展现了联盟第一中锋风采。第四场，他独揽 16 分、21 个篮板和 9 记盖帽，这创造 NBA 总决赛纪录的 9 记盖帽个个精彩，其中不乏遮天蔽日的钉板大帽。

霍华德虽然身高仅有 2.08 米，臂展却达到惊人的 2.25 米，垂直弹跳达 77 厘米，轻轻一跳便能亲吻篮筐，百米速度接近 11 秒其速度、弹跳与爆发力均达到 NBA 顶级，加上历史级别的静态天赋，让他在 2004 年 NBA 选秀的首轮第 1 顺位便被魔术选中，成为继詹姆斯之后又一位高中生“状元”，也是 NBA 最后一位高中生“状元”

钉板大帽要诀

1. 眼睛紧盯进攻球员的手部，判断对手合球准备起三步的时机。
2. 与对手保持统一步伐，在对手迈出第二步起跳前，率先起跳。
3. 在对手达到最高点之前，伸直手臂将球狠狠地拍在篮板上。

35 四分卫长传

凯文·乐福

Kevin Love

五十四大巨星必杀技

技术要领◆拿到球后，通常会第一时间抬头观察队友的跑位，然后凭借强大的核心力量，瞬间送出过顶的远距离传球，以球领人，人到球到，令对手防不胜防。

绝技 巨星

四分卫是橄榄球场负责组织进攻的球员，擅长精准的长传球。在篮球场，那些纵贯全场的长传被称为『四分卫长传』，这也是乐福的招牌绝技。凭借2.08米的身高和超强的篮板球能力，加上视野开阔与意识出色，乐福总能在抢板之后，瞬间成为进攻发起点，在对手形成有效的防守之前，将球长传，精准无误地送到快下的队友手中，完成得分。

风骨传略

凯文·乐福是最被低估的球星之一，低调内敛的性格让他在“骑士三巨头”中敬陪末席，即便生涯暮年来到平民之师热火，他也从不以老牌明星自居，只愿老骥伏枥。

其实乐福有着闪亮的起点，他是 2008 届的五号秀，顶着“狼王”接班人的光环来到明尼苏达。2010 年 11 月 12 日，乐福豪取 31 分、31 个篮板的双 30+，31 个篮板创下现役球员纪录。2014 年，乐福告别森林狼，由“两双机器”变为“骑士三巨头”之一。

效力骑士 9 年，乐福曾书写单节 34 分的（历史第二）壮举，也为 2016 年骑士夺冠立下汗马功劳。随着欧文、詹姆斯相继远走，乐福成为留守骑士的唯一一位“三巨头”。

2023 年 2 月，乐福加盟热火。2023 年季后赛，热火上演“黑八奇迹”，杀入总决赛，虽然最终未能夺冠，但乐福依旧保持住了“每进季后赛，必进总决赛”的定律，并且这位 34 岁的老将壮心不已，依旧能为热火提供精准的三分火力支援以及宝贵的大战经验。

高屋建瓴、精确制导，乐福能像布雷迪、曼宁那些出色的橄榄球四分卫一样，在电光石火间送出精妙的长传球，无论是双手过顶长传、双手胸前平推长传以及单手抄球长传，都能驾轻就熟。大学时期，乐福与威少的长传连线就是 NCAA 赛场上的一道靓丽风景。加盟骑士后，詹姆斯成为乐福“四分卫长传”驱动下的“最佳跑锋”。

四分卫长传要诀

1. 在后场用双手紧紧护球，防抢断的同时观察队友与对手的位置。
2. 一旦发现前边空位的队友，便迅速传球，力道要大但切忌过猛。
3. 传球一般过顶，落点在队友的行进路线上，以便接球后立即攻筐。

36

抖臂直传

泰里斯·哈利伯顿

Tyrese Haliburton

五十四大巨星必杀技

技术要领◆留意空切篮下的队友，如有传球空间，快速抖臂单手传球，球路呈一条直线，力道要适中，足以穿透防线又要避免用力过猛导致队友脱手。

作为联盟新生代控卫的翘楚，哈利伯顿拥有出色的大局观和传球能力，即便面对对手密不透风的防线，他也能在闲庭信步间寻觅杀机，突然施展隐蔽性与穿透力极强的抖臂直传，仿佛给皮球施了魔法，穿越对手层层防线，稳稳飞到空位队友的手中，助后者轻松得分。

风骨传略

泰里斯·哈利伯顿在 2022/2023 赛季进步神速，成为步行者核心的他场均能贡献 20.7 分、10.4 次助攻，且拥有 49% 的不俗投篮命中率。作为当今 NBA 唯一“20+10”控卫，他也是该赛季每百回合送出最多次助攻的球员。在哈利伯顿海龙兴波般助攻下，步行者成为联盟中最擅长快攻的球队之一，假以时日，有望重回东部豪强序列。基于此点，步行者在 2023 年夏天迫不及待地与哈利伯顿续约了一份 5 年 2.6 亿美元的超级顶薪合同，这位 23 岁的年轻指挥官俨然成为印第安纳篮球复兴的希望。

2023 年篮球世界杯，美国男篮仅名列第四，但哈利伯顿以其华丽助攻惊艳了世界。

他场均送出 5.6 次助攻，成为这支美国队的助攻王，还在本届杯赛一共送出 45 次助攻，超越保罗的（2006 年）44 次助攻，创造了美国男篮球员近 30 年单届杯赛的总助攻纪录。

哈利伯顿喜欢在场上奉献各种匪夷所思的即兴妙传，颇有当年“魔术师”约翰逊的风采，因此，拥有广袤视野与天才创造力的哈利伯顿也成为篮球场上的“魔法师”。

2023 年篮球世界杯，哈利伯顿多次送出不看人的抖臂长传，直接助攻队友达阵得分。这种传球剑走偏锋，其隐蔽性与突然性堪称一绝，能瞬间瓦解对手那看似严密的防线。

传球是利用球的最快移动速度优势来瓦解对手防线的有效武器，那些传球大师总能在波澜不惊中送上致命杀机。作为NBA新一代控卫的翘楚，哈利伯顿显然深谙此道。他在这个“小球时代”长袖善舞，无论是转换进攻中精确制导的长传，还是中路推进时利用眼神误导的NO LOOK传球，还是阵地战持球突破时分球给两翼的投手，抑或是勾传弧顶、口袋传球给空切队友……他都能驾轻就熟。

抖臂直传要诀

1. 弧顶持球，沿三分线左右游弋，通过运球变向佯攻迷惑防守者。
2. 留意沿底线空切篮下的队友，用眼神误导对手，寻觅传球空隙。
3. 找到传球空隙后，手臂从侧后向传球方向挥摆，瞬间送出直传球。

哈利伯顿拥有新一代球员中无出其右的助攻才华，而他的进攻才华也堪称上佳。

早在2020年首轮第12顺位被国王选中后的首个NBA赛季，哈利伯顿就展现出不俗的助攻能力，但他的得分火力始终没有淋漓释放，因为他身边有得分型控卫福克斯。当国王扶正福克斯，将哈利伯顿送到步行者时，这位泪别萨城的“魔法小子”很快就在印第安纳找到“龙游大海”的感觉，尤其是在2022/2023赛季突飞猛进。

哈利伯顿在2022/2023赛季场均不仅送出10.4次助攻，还砍下20.7分，且拥有57.2%的两分球投篮命中率、40%的三分球命中率以及87.1%的罚球命中率，跻身“180俱乐部”。自巅峰保罗与德隆之后，NBA还没有出现这样将得分与助攻都拉到顶级的“双能卫”。

哈利伯顿在2022/2023赛季不乏经典之作，无论是2022年12月24日对阵热火投中10记三分球、砍下43分的剑意纵横，还是2023年3月6日在芝加哥联合中心命中超远绝杀三分球的杀气凛冽，都彰显了这位步行者新王的超然实力。尤其是2023年3月7日对阵76人的那场比赛，虽然步行者以143比147惜败，但哈利伯顿豪取40分、16次助攻，不仅成为步行者唯一一位“40+15”球员，还在与哈登新老两代“传控大魔王”的对决中，展现出后来居上的态势。

INDIANA
0
PACERS

TO STARTS HERE
Ankr
POWERING THE CRYPTO ECONOMY
OMY
Ankr
MOST FUNDAMENTAL PLATFO
Ankr
YOUR CRYPTO ON OFFENSE
2001-02
6
15

像哈利伯顿一样传球

助攻高手实战传球全解析

哈利伯顿已经成为当今联盟屈指可数的传球高手。他擅长在转换进攻时接队友的快发底线球，持球快速推进到前场，利用眼神误导，旋即奉献一记 NO LOOK 妙传，将球送到空切到篮下的队友手中。

1. 不看人传球

持球推进，心中锁定要传球的队友，但眼睛一定要看另外方向，以免让对手判断到传球的路线。当对手的注意力被你的眼神吸引时，你通过余光与经验准确判断所传球人的方位，随即传球，但眼睛依旧不要看向接球的队友。

2. 假投真传 & 接球即传

除了 NO LOOK 传球，还可以假投真传，用佯装投篮来吸引对手的防守注意力，然后传球给溜到对手身后的队友。此外，为了加速球的运转速度，你可以在接球的瞬间便选择传球给空位的队友，不做合球停留，为队友创造更多的投篮时间。

3. 各种传球与诀窍

在球场上可以根据对手的防守来选择传球方式，譬如单手抄传、击地顺传、勾手甩传、高弧度抛传、胸前平传、胯下妙传以及突破背传等等，虽然传球手法多样，但穿越防线，第一时间找到空位的队友，助其轻松得分才是传球的主旨。

如果传给运动中的队友，传球要留提前量，做到“球领人”，最好让队友接球后顺势直接攻筐。

如果你持球推进时，所要传球的队友在你身后或者身侧，你可以佯装攻篮来压缩对手防线，再用脑后、背后传球等隐秘方式助攻队友得分。

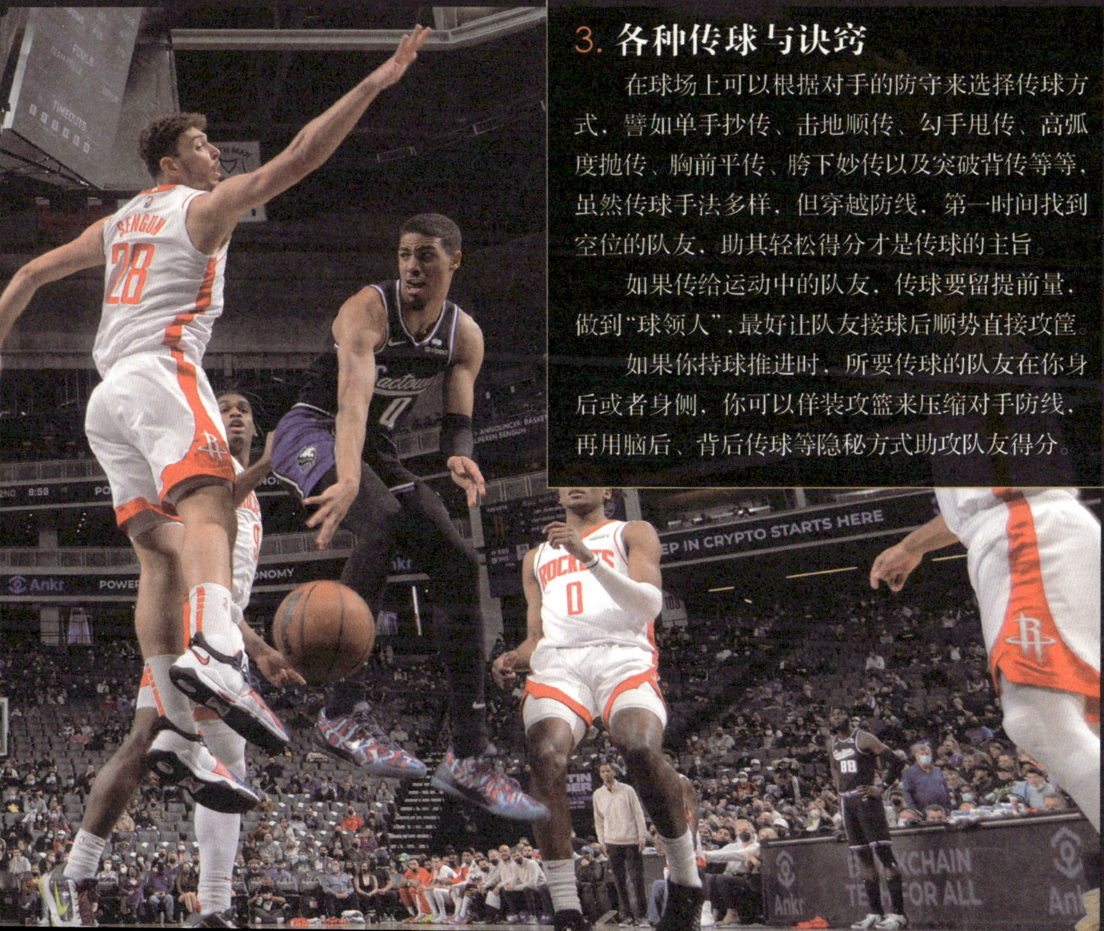

37

内切闪袭

达龙·福克斯

De'Aaron Fox

五十四大巨星必杀技

技术要领◆突破时第一脚要尽量加大步幅，争取力压防守者抢占身位优势，在篮下合球后第二步，要用内侧腿迈进，依然保持住身位优势。

绝技巨星

在NBA，福克斯的速度无人能及，在赛场上，他擅长将速度优势转化为胜势。突破时选择内切直达篮下，因为单刀直入是通过最短路线攻筐，让得分来得更加迅疾，对手更加难以防范。福克斯并非一味只依靠速度来强吃对手，而是在速度的基础上，加入狡黠多变的「狐步」，让他的突破攻筐变得更加扑朔迷离。

风骨传略

紫霄照彻天地，飞狐惊现世间。2023 年被称为“飞狐元年”。

这一年，达龙·福克斯彻底爆发，他在 2022/2023 赛季以 51.2% 的命中率场均轰下 25 分，送出 6.1 次助攻，生涯首次入选全明星，并入选最佳阵容三阵。更为难得的是，福克斯已是当今联盟中最擅长终结比赛的球员。

在 2022/2023 赛季（分差在 5 分以内）39 场比赛的最后 5 分钟，福克斯场均能砍下 5 分，还完成 0.3 次抢断，两项数据均冠绝联盟，荣膺 NBA 首届“最佳关键球员奖”，可谓实至名归。此外，福克斯还率领国王时隔 16 年重返季后赛，并与上届冠军勇士酣战七场。虽然国王遗憾落败，但福克斯在自己的首次季后赛之旅场均贡献 27.4 分、5.4 个篮板和 7.7 次助攻，对飙库里，不落下风，尽显大将之风。

福克斯堪称 NBA 的速度之王，百米速度为 10.4 秒，从三分线突破到篮下仅用 1.28 秒。天下武功，唯快不破。福克斯擅长利用速度优势来突破对手。他突然启动，第一步加大步幅。虽然风驰电掣间但又能急起急停，加上娴熟的运控与狡黠反复的变向变奏，让他在赛场游刃有余，拥有瞬息间撕裂对手防线的能力。

内切闪袭要诀

1. 持球推进，面对防守者，持球手向外侧运球，佯装从持球方向突破。
2. 调动对手防守重心偏移，迅速衔接体前变向，从另一侧突破。
3. 突破时与对手相邻的内侧脚率先迈起一大步，抢过身位直插篮下。

38 360度扣篮

保罗·乔治 Paul George

五十四大巨星必杀技

技术要领◆具备超强的弹跳与腰腹力量，凭借足够长的滞空时间在空中转体360度，转身后保持平衡并锁定篮筐的方位，在落地之前完成扣篮。

保罗·乔治初入NBA时以身体素质强悍而闻名，曾在步行者时期的比赛中完成过一记360度转身风车劈扣，技惊四座，那也被誉为最接近卡特的扣篮。从此，这种属于扣篮大赛的高阶扣篮被保罗·乔治运用到实战当中，成为他的标志动作之一。虽然因为骨折伤病，保罗·乔治不再飞天遁地，但一有机会，他依旧会用360度扣篮来重现往日的峥嵘。

即便遭遇骨折重伤，但伤愈归来的保罗·乔治依旧没有停止征服天空的脚步，他努力尝试360度扣篮，亦如当年那样。那是一幅翱翔天际的名画，出色的滞空力与想象力激情碰撞，便产生了优雅与华丽交融的扣篮佳作。

360度扣篮要诀

1. 持球向前，助跑，调整脚步，在进入合理冲撞区前合球。
2. 发力起跳腾空，膝盖自然弯曲，奋力完成360度转体。
3. 旋体一周直面篮筐，在落地之前完成大风车暴扣或者单手劈扣。

23 ROBERT COVINGTON
honey
JoinHoney.com
los angeles
13
GRETZKY
99
11
Clippers
4:06
16
BUCKS
7
LA CLIPPERS

保罗·乔治在2012年扣篮大赛就完成一记360度大风车扣篮。两年后的新奥尔良全明星赛，乔治又用一记360度转身胯下换手扣篮致敬卡特。此外，乔治还多次在实战中完成360度暴扣，最经典的当属2014年步行者对阵快船时抢断之后的惊世一扣。大伤之后，乔治也偶露峥嵘，2019年全明星赛曾上演360度转身单臂飞扣。2023年快船与雷霆的第三节，乔治再一次完成360度双手扣篮，那一刻犹如时光倒流，让人看到了曾经那位飞天遁地的“印城少侠”。

风骨传略

保罗·乔治身高2.03米，臂展2.11米。他身手全面、攻防俱佳、有无球能力兼备，是当今联盟屈指可数的全能侧翼小前锋。

2010年NBA选秀大会，保罗·乔治在首轮第10顺位被步行者选中，很快就崭露头角。他在2012/2013赛季荣膺进步最快球员，并在该赛季率领步行者在东部决赛与“三巨头”领衔的热火鏖战七场。虽然遗憾落败，但与詹姆斯几乎等量齐观的对决，让乔治名声大噪。这位形似麦迪、神若科比的锋卫摇摆人有望成为新一代超级巨星，然而2014年8月，乔治在美国“梦十一”的训练赛中遭遇右小腿90度骨折，这次严重伤病险些断送其职业生涯，让他本应繁花似锦的星途充满了暗淡与不确定性因素。

好在乔治身披13号（原来24号）球衣强势归来。虽然从步行者、雷霆再到快船一路辗转，但他不断打磨自己的技艺，做到稳中有升。生涯至今，乔治8次入选全明星，6次入选最佳阵容，4次入选最佳防守阵容，成为联盟中攻防一体的顶级球星。

大伤之后，浴火重生，保罗·乔治堪称NBA励志的典范。

初入联盟之时，保罗·乔治使用的乔丹、科比式的二段式跳投。为了适应如今这个远射如风的小球时代，乔治吸取了库里一段式跳投的快捷流畅，保留传统的二段式跳投的高出手点与硬桥硬马等优势，开发出风格独具的1.5段式投篮。

此外，乔治具有出色的三分球投射能力，尤其是在行进中持球投射三分球能力更是联盟顶级，这让他的火力几乎覆盖半场。乔治运球丝滑流畅、张弛有度，跳投美如画，有T-MAC、科比那些古典锋卫球员的影子，球风飘逸潇洒，颇具观赏性。

39

胯下撤步投

多诺万·米切尔

Donovan Mitchell

五十四大巨星必杀技

技术要领◆通常距防守者一步时开始胯下运球，将身体重心降低，做变向误导。如果不能摆脱防守，运球调整节奏，再接大幅度后撤步，力求创造出投篮空间。

米切尔擅长胯下撤步之后的投篮。胯下运球变向作为诱饵，拉球作为调整，撤步之后亮出跳投杀招。这一招的恐怖之处在于，即便胯下运球没有创造出足够的出手空间，米切尔还是可以凭借出色的节奏变化和迅疾的撤步移动，二次创造出投篮空间。

风骨传略

多诺万·米切尔虽然身材不高（只有 1.85 米），臂展却达到惊人的 2.08 米，并且拥有一双（长度 21.6 厘米）巨掌，加上身体强壮、弹跳出色，力量与速度均为联盟顶级，这些天赋足以保证他在赛场风驰电掣、纵横无忌。此外，米切尔突投俱佳，还拥有一手精准的三分球，他拥有非常出色的球感与节奏，可以迅疾而又顺滑地突入禁区，上篮得分。

2017 年选秀大会，多诺万·米切尔于首轮第 13 顺位被爵士选中，并在“菜鸟赛季”便被定为球队老大。他也用足够惊艳的表现回馈了爵士，在首个赛季便率队挺进季后赛，并在首轮第六场独砍 38 分，淘汰威少与乔治领衔的雷霆。2020 年园区季后赛，米切尔两场轰下 50+，对飙穆雷。加盟骑士之后，米切尔更用一场 71 分的比赛震动天下。

迄今为止，米切尔还从未缺席一次季后赛，证明他的带队下限已达到精英级。然而，米切尔也未率队突破分区半决赛，他还需百尺竿头更进一步，在高端局证明自己。

在那场“71 分之战”以前，米切尔就在 2020 年季后赛展现出惊人的得分爆发力。8 月 18 日，爵士与掘金的季后赛首轮第一场，米切尔独砍 57 分，创下 NBA 现役球员季后赛的单场得分纪录。纵观整个 NBA 季后赛史，也只有乔丹（63 分）、贝勒（61 分）排在他之前。

胯下撤步投要诀

1. 胯下运球变向的第一步为虚招，只为误导防守者的重心偏移。
2. 迅速再次胯下运球，将球运往另一方向，然后运球调整节奏。
3. 收球后再接一个大幅度的撤步，晃出空间之后迅速出手投篮。

米切尔堪称现役最具得分爆炸力的双能卫之一。他曾在季后赛单场轰下 57 分，也曾在常规赛单场狂砍 71 分，两项数据均为现役球员的最高纪录（71 分与利拉德持平）。

2023年1月3日，骑士坐镇主场以145比134加时击败公牛。此役米切尔34投22中，三分球15投7中，罚篮25罚20中，轰下71分，贡献8个篮板、11次助攻，创个人得分新高，也打破布克保持的现役球员得分纪录（70分）。

71分也堪称近17年来个人最劲爆的得分狂潮，挡在之前的是2006年1月23日，科比对阵猛龙的81分神迹。

米切尔凭借此战的71分跻身历史单场得分榜的前十。张伯伦曾轰下100分傲居第一，科比狂砍81分高居第二，张伯

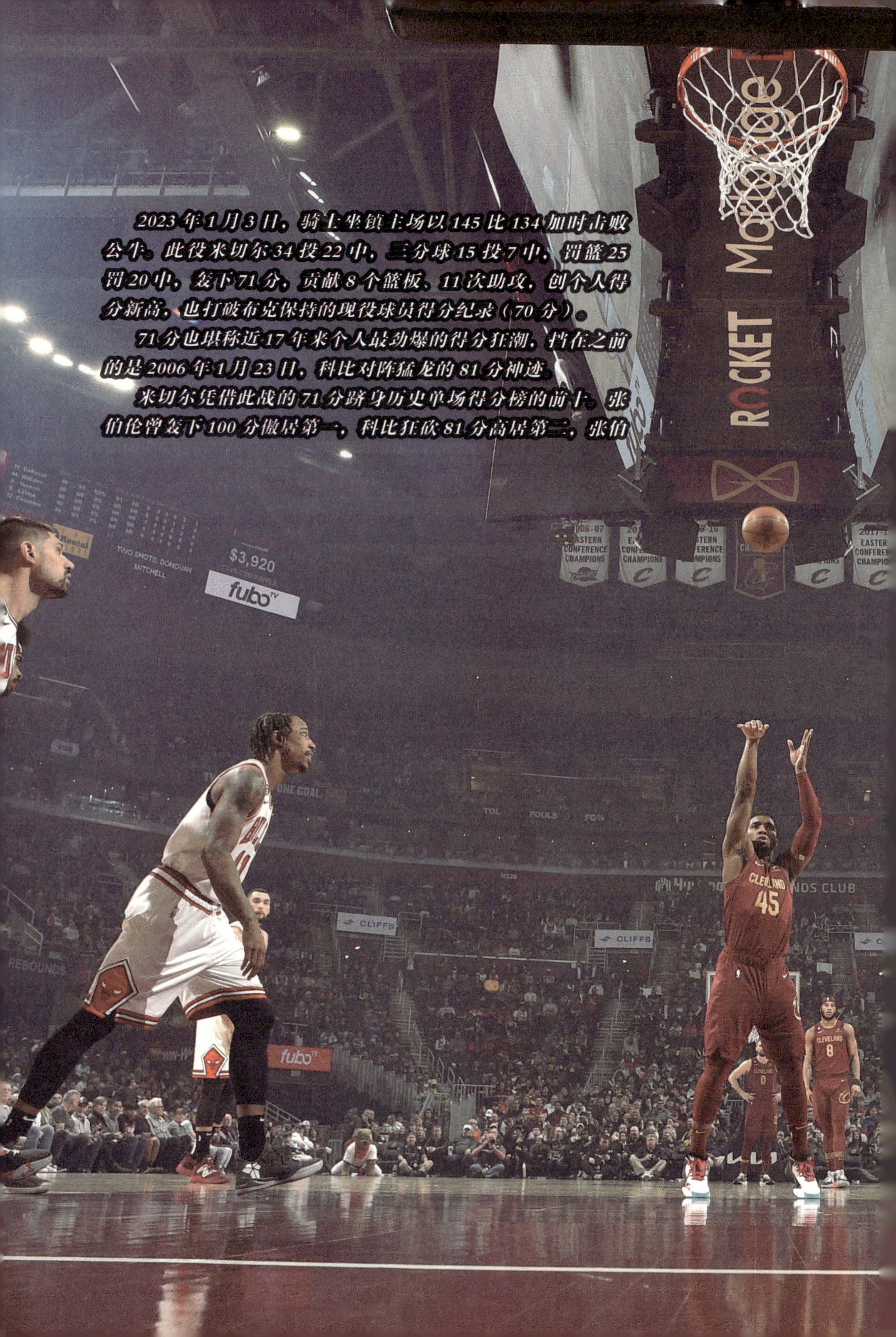

伦还独得78分居第三，大卫·汤普森和张伯伦（2次）飙下73分并列第四，张伯伦砍下72分位列第五，埃尔金·贝勒、米切尔与大卫·罗宾逊（71分）并列第六。米切尔在这场71分之战中，还涌现许多高光华彩。首先，他凭借一己之力掀翻“芝加哥双星”领衔的公牛，完成21分的大逆转，让德罗赞空砍44分。再者他在常规时间最后罚球时，一罚命中、二罚不中自己补篮得分，复制东契奇式“两罚得三分绝平”奇迹。最后，米切尔又在加时赛独砍13分，在加兰因伤缺阵的情况下，率领缺兵少将的骑士击败兵强马壮的公牛。

40

裤兜传球

拉简·隆多

Rajon Rondo

五十四大巨星必杀技

技术要领◆有时机迅速传球，传球前与接球的队友形成默契，传球要留出余量，以便接球后直接攻篮。传球切忌过低，以免传到队友的膝盖以下。

『裤兜传球』顾名思义，就是从裤兜的位置出手传球，这种传球动作幅度小，出球快，隐蔽性强，让防守者猝不及防。作为优秀传统型控球后卫，隆多在球场任何位置都能送出妙传，『裤兜传球』是他众多传球技能中最得心应手的一项。此传球需要传球者与接球者形成默契，隆多传球时一般都留出提前量，让队友顺势接球直接攻击篮筐。

风骨传略

拉简·隆多在 2006 年首轮第 21 顺位被太阳选中后交易到凯尔特人。他在“绿衫三巨头”身边很快就展现出天才指挥官的潜质。2008 年总决赛，凯尔特人击败湖人夺得队史第 17 冠，22 岁的隆多作为“绿衫军”主力控卫，早早就戴上了令保罗羡慕不已的总冠军戒指。

2014 年岁末，隆多离开凯尔特人，辗转小牛（独行侠）、国王、公牛、鹈鹕。虽然他才华横溢，但身上那副桀骜不驯的“绿衫少主”傲骨让他无法融入寻常的球队。

2018 年，隆多来到昔日死敌湖人的帐中。2020 年，隆多化身“隆指导”，辅佐“詹眉组合”夺得总冠军，隆多也成为首位在湖人与凯尔特人两大豪门均夺冠的球员。仅凭这一点，隆多就足以留名青史。虽然他之后再次颠沛流离，直到 2023 年淡出 NBA。

隆多在 NBA 效力 16 载，荣膺 2 届总冠军、4 届全明星、2 届最佳防守一阵、3 届助攻王、1 届抢断王。如今他回归母校肯塔基大学从事教练工作，“隆指导”这回实至名归了。

隆多曾两次单场助攻 20+，堪称一代助攻大师，而他最擅长的便是裤兜传球，无论是击地兜传、腰部兜传、顺势直塞等，隆多总能在行进中送得恰到好处。

2020 年季后赛，隆多多次送出裤兜传球，助攻詹姆斯、戴维斯、库兹马、波普等队友轻松完成得分。无论何时何地，只要队友跑出位置，隆多总能及时将球送到他们手中。

裤兜传球要诀

1. 反方向运球调动防守，为接球队友创造空间，并与之形成默契。
2. 持球人保持移动状态，通过繁复运球迷惑对手，同时寻找空隙。
3. 找到空隙，用击地或者平传的方式给到队友，完成终结。

隆多是天生的赢家，NBA史上最伟大的两支王朝球队，最近一次夺冠征途中都有他的身影。作为“紫金17冠”“绿衫17冠”的唯一亲历者，隆多余有荣焉，足以留名青史。

虽然隆多身高只有1.85米，但拥有2.13米的超长臂展以及一双堪比伦纳德的巨手，加上超高的篮球智商、娴熟的运控技术，让他在场上随心所欲地掌控全局、攻守有度。

Ball Arena
NORTHWEST DIVISION CHAMPIONS
NORTHWEST DIVISION CHAMPIONS
WU Western Union
GORDON
50
NUGGETS
24.6
25

兵器谱

五十四大巨星必杀技

各有绝技

41-54

41 旋转小抛投

托尼·帕克

Tony Parker

五十四大巨星必杀技

技术要领◆快速突至篮下，转身前要面对篮筐，向一侧快速旋转 360 度，确保转身之后依然面对篮筐，垂直向上跳，将篮球向前上抛，力求抛出较高的弧度。

抛投是篮球场上小打大的得分利器，而帕克抛投前加入 360 度转身，加大了对于对手的迷惑性。他风驰电掣，快速突至篮下，然后陀螺转身，摆脱防守者高抛出手，皮球划出一条高弧度的抛物线，轻盈入网，留下对手错愕的表情。

风骨传略

圣安东尼奥马刺之所以能横跨十年雄霸联盟，作为首席“指挥官”的帕克功不可没。他总是在持球、推进、传球、挡拆，像“永动机”一样不停运转，周而复始。在马刺的体系中，帕克的定位很明确：掌控节奏、疏理比赛，让邓肯在最舒服的位置接球，果断突破制造杀伤，搅乱对手防线。虽然帕克为团队牺牲一些进攻才华，但他也成为“是金子总会发光”的典范，于 2007 年总决赛以 56.8% 的命中率场均砍下 24.5 分，并贡献 5 个篮板、3.3 次助攻之后，捧起总决赛 MVP 奖杯，也成为 NBA 首位获此至尊殊荣的外籍球员。

从 2001 年到 2019 年，帕克效力 NBA 长达 18 年，其中 17 年在马刺度过。在这里他随队夺得 4 届总冠军、1 届总决赛 MVP，6 次入选全明星，4 次入选最佳阵容，送出 6829 记助攻，成为马刺历史助攻王。2019 年 11 月 12 日，马刺退役了帕克的球衣，当 9 号球衣从 AT&T 中心冉冉升起，那位再次归来的圣城孩子眼含泪水，也许，他从未离去……

2013 年总决赛第一场的决胜时刻，马刺以 90 比 88 领先热火。帕克执行最后一攻，摆脱波什防守，又遭遇詹姆斯协防，帕克几乎濒临绝境，一度摔倒后单膝跪地运球，而他又迅速起身闪过詹姆斯的封盖，打板抛投命中。帕克凭借这记旋转小抛投锁定胜局，力助马刺以 92 比 88 险胜热火，取得总决赛的开门红。

在质朴凝重的马刺阵中，灵动的托尼·帕克就是节拍器与发动机。

风驰电掣的“法国跑车”让这支邓肯领衔的“黑白军团”有了动静相宜的王者之相，加上一柄斜刺而出的吉诺比利式“妖刀”，“GDP”组合带领马刺夺得四届总冠军，创造了“奇数年夺冠”的马刺王朝神话。

旋转小抛投要诀

1. 大幅度变向佯装向一侧进攻，将对手的防守中心骗向佯攻位置。
2. 以非持球侧脚为轴心，收球快速衔接 360 度后转身，晃过对手。
3. 突破到禁区，正对篮筐，垂直跳起，顺势出手抛投。

2023 年 8 月，帕克与波波维奇教练师徒二人携手入选篮球名人堂。邓肯与吉诺比利亲临现场祝贺，昔日的“GDP”组合与恩师波波维奇再次相聚，帕克那妙语如珠的演讲，让人会心一笑之余，不免忆起“黑铁”纵横的峥嵘岁月。

42

转身投篮

尼克·杨

Nick Young

五十四大巨星必杀技

技术要领◆持球面对防守者，突然将球在体前推至身体另一侧，随后侧身换手拉球，顺势转身一周，创造出手空间后迅速跳投，整套动作要丝滑流畅。

巨星绝技

尼克·杨NBA生涯场均仅得11.4分，且从未入选全明星，却拥有球迷无数。人们喜欢他的纯粹与率真，喜欢他无厘头的单打，喜欢他华丽炫技的每一个瞬间，也许这就是年少轻狂应有的样子。尼克·杨一般会在45度或底线附近转身投篮，丝滑拉球转身只为晃出空间，随后用一记后仰跳投来得分。

风骨传略

“他强任他强，我是尼克·杨”，虽然NBA征战12载两手空空、星光黯淡，但这并不妨碍球迷们对于尼克·杨的喜爱。这位以“问号表情包”走红网络的单打型球员，虽然球场失意，但情场得意，曾与澳大利亚著名嘻哈女歌手阿塞莉娅有过一段甜蜜恋情。

尼克·杨也被中国球迷形象地称为“杨少侠”，不仅因为他潇洒帅气的外形，还因为他拥有华丽而又多样的得分技巧，“单打王”绝非浪得虚名。此外，他还有几分江湖少侠的落拓与洒脱，喜欢信马由缰，即兴表演。在他琳琅满目的武器库里，“转身投篮”最为耀眼。一系列眼花缭乱而又无比丝滑的运球过人之后，看似随意的往边一靠，衔接一个圆润如意的后转身，便闪出出手空间，然后潇洒一投，整套动作一气呵成。

尼克·杨拥有成为明星球员的天赋，却没有那份运气，他那标志性的笑容背后也隐匿了许多心酸往事。这位乐天知命的大男孩在岁月流转中成熟老去，当年那一句“你科Young”，曾寄托着后科比时代湖人球迷对于身披紫金战袍的尼克·杨的一种期望，然而，尼克·杨在2018年之后便告别了NBA。即便如此，他那身绝技还在，尤其是那招“转身投篮”。在一场德鲁联赛中，尼克·杨面对防守，一步过人杀入禁区，衔接一个后转身，跳投落袋，这招“转身投篮”将尼克·杨的天才球感体现得淋漓尽致。

转身投篮要诀

1. 运球至前场面对防守者，循环往复做胯下与背后运球迷惑对手。
2. 在体前将球推至另一侧，随后换手（转身）将球拉回到原来一侧。
3. 转身 360 度，确保转身后要正对篮筐，闪出空间，后仰跳投。

43

甩狙投石机

卡洛斯·布泽尔

Carlos Boozer

五十四大巨星必杀技

技术要领◆起跳后身体略微后仰，投篮手移至脑侧肩膀上方，投篮手臂如投石机一般呈折叠状态，以便蓄力一击。这种投篮也加大了防守者封盖的难度。

虽说这种『歪把子』投篮的出手姿势有些怪异，但好在布泽尔足够稳定与精准，此投篮生涯命中率高达52%。虽然运动天赋平平，但布泽尔能够在对方高强度的防守下将球投中，能够在那个大前锋盛世留下自己浓重一笔，这个『甩狙投石机』式投篮可谓功不可没。

风骨传略

卡洛斯·布泽尔出生寒微，2002年第二轮总第34位被骑士选中，有幸成为“小皇帝”詹姆斯的御前大将，但对于金钱的欲壑驱动着他在2004年背离克利夫兰，加盟爵士。

在“盐湖城”他与德隆携手，在老帅斯隆悉心指导下，成为名动一时的“新犹他双煞”，二人联袂率领爵士在2007年、2008年季后赛首轮两度淘汰火箭，给休斯敦球迷留下一段不堪回首的苦涩记忆。“盐湖城”的成功给了布泽尔追求更大合同的野心，为此，5年8000万美元的回报，让他在2010年夏天去了芝加哥。在公牛，没有斯隆的战术照拂与德隆的默契助攻，布泽尔攻强守弱的缺点无限放大，这位全明星级大前锋逐渐泯为众生。

多年以后，当人们再谈起布泽尔时，那位斑斓如虎、咆哮如雷的野兽派大前锋叱咤风云的画面早已斑驳，唯一鲜明的也许就剩下他那一手高弧线甩狙中投了。

甩狙中投，虽然出手姿势怪异，但却是布泽尔屡试不爽的得分绝技。2007年季后赛“抢七大战”，他面对着巍峨无比的“移动长城”姚明，频频投出高弧度甩狙。因为当时姚明主防爵士（擅长远投）中锋奥库，无暇过多顾及布泽尔，加上后者频频拉到高位投篮，高高的弧线又能避开封盖区，所以那一战布泽尔成就了值得自己炫耀一生的经典名局。他贡献了35分、14个篮板，率领爵士在“抢七大战”淘汰火箭。

提起布泽尔，不免令人想起“贪婪”与“反骨”，但不可否认他是一位十分出色的技术流大前锋，深谙一手精准的高弧线甩狙中投，巅峰时期跻身“20+10”顶级内线俱乐部。

甩狙投石机要诀

1. 起跳时身体略微后仰。
2. 投篮手持球置于脑侧，手臂于肩上呈折叠状，辅助手置于头顶。
3. 投篮手臂折叠蓄力，在脑后出手，最大程度避免封盖，其投篮宛如投石机般抛射。

44 假传真突

德雷蒙德·格林

Draymond Green

五十四大巨星必杀技

技术要领◆高位接球后做手递手传球假动作，传球力求逼真，误导防守者的注意力，一旦觅到空间，立即收球转身突入禁区，要流畅且快速。

假传真突，就是假手递手传球，实际上转身突破到内线得分的一种进攻方式，这虽然不是格林常规武器，但是他最出乎意料的一招。他在高位接球，手递手做势欲传给库里或者汤普森，鉴于这两位强大的进攻威胁性，对手不得不去重点跟防，格林瞄准空当，转身收球，闪电般突入内线攻篮得分。

风骨传略

性格暴烈的德雷蒙德·格林给球风斯文的勇士注入刚猛与血性，而他又是进攻端居中调度的发牌官，是防守端的内线屏障，他是勇士除了库里与汤普森之外最重要的球员。

在“水花兄弟”掀起云蒸霞蔚的进攻狂潮身后，是格林海龙兴波般的运筹帷幄，他是勇士挡切战术的执行者，完美驱动着金州的流畅进攻线，他也是联盟最会换防的球员之一。

虽然性格粗犷，但格林有一个富有诗意的绰号“追梦”，而他在 2012 年第二轮总第 35 顺位被勇士选中，便开启了锦绣绚烂的“梦幻旅程”。库里、汤普森与格林组成的“水花追梦组合”，率领勇士缔造“八年四冠”的壮举。从 2012 年到 2022 年，他们携手十年，是现役合作时间最长的三人组，合作率队胜率超过 75%，甚至比马刺的“GDP 组合”还出色。

2022 年总决赛第五场，此前饱受争议的格林在第一节独取 8 分，其招牌动作的“假传上篮”再现江湖，当时所有人都以为格林要和汤普森打一个手递手配合，但格林用传球假动作骗过了凯尔特人的防守，随后突破内线用一记暴扣得分。

在勇士这支“投篮大队”，虽然格林的三分射术不算出彩，但他表现极其全面。2022 年勇士夺得总冠军，季后赛场均仅得 8 分的格林依旧是夺冠功臣，因为他还场均贡献 7.2 个篮板、6.3 次助攻。捧杯时格林的笑容分外灿烂，因为“格林公式”完成闭环。

假传真突要诀

1. 作为球队传切战术的一环，参与高位策应，接球后先观察。
2. 利用掩护和手递手传球假动作，将对手的防守中心转移至队友。
3. 出现空当的瞬间，收球转身一气呵成，切入内线的突破要坚决。

格林永远都是一位脾气火爆的愤怒青年。他在场上肆意咆哮、喋喋不休，在场下莽撞妄为、言行无状，甚至怒喷 KD、拳击普尔，但他粗中有细、大智若愚，是勇士不可或缺的真核心，也是库里眼中合作过的最聪明球员。

45

卡位抢板

本·华莱士

Ben Wallace

五十四大巨星必杀技

技术要领◆作好球的落点预判。两脚打开，重心下沉，手臂挡在进攻球员胸前，当投篮不中出现篮板球机会时，迅速转身将进攻球员卡在身后。

作为一名 NBA 球队的首发中锋，本·华莱士那 2.06 米的身高显然过矮，他依然能在长人如林的 NBA 内线打出名堂，靠的就是一手出色的卡位抢板绝技。本·华莱士有着钢铁般的肌肉铠甲，对抗能力出众，预判准确，卡位出色，他总能轻松地抓到篮板球，保障球队的球权。

风骨传略

虬髯戟发，虎背熊腰，勇力绝人，不怒自威。巅峰时的本·华莱士将防守上升到现象级高度，他与拉希德·华莱士把活塞内线打造成令人望而生畏的“禁飞区”。

这位绰号“大本”的 1996 年 NBA 落选秀，用 16 年 NBA 生涯写就一部球员逆袭的绝佳范本，将 4 届全明星、5 届最佳防守阵容一阵、4 届最佳防守球员、1 届盖帽王、2 届篮板王以及 1 枚总冠军戒指收入囊中。即便在星光鼎盛的“96 黄金一代”，本·华莱士所取得的成就也相当耀眼。2004 年总决赛，“大本”坐镇内线，硬刚奥尼尔，帮助活塞以 4 比 1 击败“紫金 F4”领衔的湖人，缔造了平民冠军的神话，作为一名顶级“蓝领”，本·华莱士也与活塞的气质完美契合。虽然光阴流转，但奥本山宫殿高悬的 3 号球衣和偶尔回响的“大本钟”钟声，让活塞球迷难忘“大本”领衔“活塞五虎”所创造的那段王朝岁月。

本·华莱士深谙所有防守技巧，拥有敏锐的篮板嗅觉。2004 年 NBA 总决赛，作为活塞防守中枢，本·华莱士有效限制了“大鲨鱼”奥尼尔，并在比赛中控制了篮板球。

总决赛第五场，本·华莱士一人独得 18 分，抢下 22 个篮板，其中有 10 个前场篮板，率领活塞以 100 比 87 击败湖人，以总比分 4 比 1 淘汰对手，夺得总冠军。这场胜利更是被认为是美国职业体育史上最大的冷门之一，“大本”也因此名扬天下。

他是科比眼中最好的篮板手之一，他虽然在1996“黄金选秀年”名落孙山，但凭借一路逆袭，成为首位走进名人堂落选秀球员。

虽然身材不高（官方显示为2.06米，实际上只有2.03米），但并不妨碍本·华莱士成为NBA史上屈指可数的防守型顶级中锋。他四夺最佳防守球员奖，其威名刻于名人堂的圣殿之上，而奥本山宫殿的穹顶高悬他的3号球衣，在那里隐隐有钟声响起，仿佛在诉说着“大本钟”的往事，那是一段关于“活塞王朝”的盛世华章。

卡位抢板要诀

1. 其他球员投篮时，做好投篮不中之后皮球落点与线路的预判。
2. 抢占有利位置，用肩背将对手卡在身后，保持随时抢板的准备。
3. 瞅准球的落点线路，第一时间蹬地跃起，双臂前伸，全力抢板。

篮板球被称为赛场的生命线。比赛双方，谁摘得更多的篮板球，谁就能获得更多的球权、更多的快攻机会，从而取得获胜的先机。

1. 预判反弹球落点

对手投篮不中，通常具有如下规律：远距离且弧度低的投篮，一般球磕篮筐前沿；远距离且弧度高的投篮，一般球磕篮筐后沿；侧面投篮，会弹到篮筐另一侧……

凭借经验，准确预判反弹球的轨迹与落点，并提前占好抢板的有利位置。

2. 争抢篮板球诀窍

待球下落时，高高跃起，尽量伸长双手，将球摘下，并置于颌下护球，肘部朝外支出，扩大护球面积。当球偏离预定轨道时，可以先跳起并单手将球拨到自己的控制范围以内，再抢到篮板球。

3. 背身卡位技巧

尽量将对手卡到身后，阻止其抢到更好位置来争夺篮板球，并且可以发力将对手向后推，同时双手上举，上臂与肩部平行，双腿分开，与肩同宽，并微屈保持随时跃起的蓄势姿态。

而在我方出手投篮后，要迅速绕过防守人，跑进内线去冲抢篮板球。

4. 锁定站位优势

提前站到对方进攻者与篮筐之间，不仅阻断对手直接进攻的路线，还抢占了获取（对手投篮不中）反弹球的有利位置。

像本·华莱士一样抢篮板球

卡位抢板详解

本·华莱士拥有出色的爆发力、弹跳能力、快速反应以及预判能力，并且渴望抢下每一个篮板球。他曾说过：“抢篮板球主要取决于你的决心。”他曾单场抢下28个篮板，季后赛场均摘得11.2个篮板，蝉联2届篮板王，成为雄霸一时的禁区篮板球霸主。

5. 保持抢板意愿

无论多么精准的对手，都有投篮不中的可能，所以在对手每一次投篮时都要保持争抢篮板球的意愿，并且形成条件反射般的习惯。

如果说铁血、强悍、团队至上是凯尔特人的豪门风骨，那么马库斯·斯马特是将“绿衫风骨”承袭得最彻底的现役球员。

从 2014 年首轮第 6 顺位被凯尔特人选中到 2023 年夏天，斯马特就一直效力于此。虽然凯尔特人是塔图姆与布朗“双探花”的球队，但斯马特才是这支“绿衫军”的不屈斗魂。波士顿 9 载风云，斯马特荣膺 1 届最佳防守球员，3 次入选最佳防守一阵，并三夺最佳拼搏奖。而他的怒吼无数次响彻北岸花园，鼓舞着“绿衫军”勇往直前。

然而，斯马特的忠诚与奉献换不回终老绿衫的现实，2023 年 6 月，他还是被凯尔特人交易到孟菲斯灰熊。这位“绿衫军”首席外围防守者、攻防两端永不枯竭的能量源，虽然用窒息防守以及无畏进攻赢得北岸花园球迷的心，却无法改变被凯尔特人交易的命运。

“你们之所以看到我在地板上扑球，制造进攻犯规，付出我的一切，是因为我明白，任何一天都有可能是我的最后一天。”当我们听到斯马特说出掷地有声的这一句时，那位满头绿发的强壮球员死战不休的场景便会浮现，而且以后还会出现，可惜他不再是一袭绿衫。

鱼跃抢断要诀

1. 单防对手时，随时保持冲抢的状态，并给予对手压迫性防守。协防时，随时预判对手的传球路线。
2. 抢断前要防守在对手的持球侧，突然起步，迫使对手出现瑕疵。
3. 瞅准时机，用力蹬地跃起，身体舒展，双臂前伸，全力抢断。

46

马库斯·斯马特

鱼跃抢断

Marcus Smart

五十四大巨星必杀技

技术要领◆单防对手时，保持随时上抢的态势，并形成防守压迫，迫使对手运球时出现慌乱，并疏于对球的掌控，此时快速俯身扑出，全力争夺球权。

『不要轻易丢掉自己的防守位置』，这是防守准则。作为最出色的防守者之一，斯马特显然深谙此道，但他艺高人胆大，偏偏喜欢『鱼跃扑抢』，这种略带赌博性的防守，虽然能陡然增大防守面积，给持球的对手以猝不及防的抢断，也会造成门户大开的危机。斯马特奋力扑抢，是建立在出色预判、强大自信等因素之上，是他防守智慧的集中体现。

斯马特球风强硬、逼抢凶狠，经常以一己之力锁死对方的箭头人物，也会为了一个地板球把自己横着“扔”出去，激情但也不失冷静。

47 突破背传

拉梅洛·鲍尔

LaMelo Ball

五十四大巨星必杀技

技术要领◆传球时用手搂球，用手臂、手腕发力将球传出，并且熟悉背后传球的轨迹，避免传出的球碰到自己的身体，并与接球人形成默契。

在NBA赛场上能够背传的人有很多，但拉梅洛·鲍尔无疑是最「风骚」的一位。这位以超绝天赋和创造力闻名于世的年轻控卫，对于球场上转瞬即逝的机会，他的处理球能力堪称顶级，行进间的突破背传集隐蔽性与观赏性于一体，无论是想象力还是穿透力都让人叹为观止，依稀有几分「白巧克力」的风采。

风骨传略

拉梅洛·鲍尔拥有 2.03 米的身高和天才般球感，视野广袤，投射精准，传球天马行空，无论是背后、不看人还是胯下传球，他都能传得优雅华丽、丝滑曼妙。

自 2020 年首轮第 3 顺位被黄蜂选中（乔丹钦点），进入 NBA 的拉梅洛·鲍尔就成为焦点，他也不负众望，先后成为最佳新秀、NBA 史上最年轻的“三双先生”以及第四年轻的全明星。虽然个人荣耀光鲜闪亮，但他因为伤病等原因还无法率领羸弱的黄蜂挺进季后赛。

作为新一代“蜂王”，未进 NBA 就大红大紫，“三球”鲍尔需要率领夏洛特黄蜂取得突破性的战绩，不仅要兑现自己的超绝天赋，也要证明“篮球之神”乔丹的眼光。

拉梅洛·鲍尔将传球上升为艺术，他喜欢在突破行进间忽而来一记背后传球，虽然这种助攻失误率比较高，但拥有一种鬼斧神工的创造性，尤其成功后回味无穷。“三球”乐在其中，并且驾轻就熟，突破背传也逐渐成为他驰骋 NBA 赛场的一个撒手锏。

2020 年 12 月 13 日，黄蜂与猛龙的季前赛，“三球”鲍尔迎来 NBA 首秀毫不怯场，他在一次快攻中持球推进至前场，面对三位猛龙球员的包夹，用一记潇洒写意的背后传球助攻迈尔斯·布里奇斯轻松上篮，让世人领略了到这位新科“探花”的风采。

他是倍受“篮球之神”垂青、鲜衣怒马的“探花郎”，也是鲍尔家族最强的“三太子”，更是夏洛特黄蜂少当家，被誉为“魔术师”和“白巧克力”的结合体。

突破背传要诀

1. 向一侧快速突破，分散对手的注意力，并观察队友和对手的位置。
2. 持球行间与接球队友形成默契，抓住传球的最佳时机。
3. 持球手臂在背后腰位摆动，迅速抖腕用手指拨球，将球传出。

五十四大巨星必杀技

48

穆式火锅

迪肯贝·穆托姆博

Dikembe Mutombo

技术要领◆直面对手，双脚分开与肩同宽，双手上扬，五指分开，膝盖微屈，观察对手。等待对手投篮出手之后，再瞬间跃起，伸手将球扇飞。

纵观 NBA 浩瀚的历史长河，有一款风格浓郁、麻辣爽冽的『穆式火锅』总是令人不禁想起。尤其是在 20 世纪 90 年代，即便是声名赫赫的四大中锋也无法逃过『穆式火锅』的盛情款待。而穆托姆博用一次次遮天蔽日的封盖将『火锅』料理得火候十足，而那风味独特的餐后甜点『摇手指』，更给那些赴宴者留下了一生都挥之不去的梦魇。

风骨传略

穆托姆博生涯场均贡献 2.8 次盖帽，高居 NBA 历史第五，生涯总盖帽数为 3289 次，仅排在奥拉朱旺之后，高居历史第二。他生涯创造 13 场单场盖帽 10 次及以上的壮举，同样名列历史第二。从 1993 到 1996 年，穆托姆博连续 3 届蝉联 NBA 盖帽王。即便是在 20 世纪 90 年代四大中锋交相辉映的时代，穆托姆博也是防守端“天花板”级的存在。

1991 年迪肯贝·穆托姆博在 NBA 选秀大会首轮第 4 顺位被掘金选中时，其年龄就是一个谜。1994 年，穆托姆博率领掘金挑落西部头名超音速，创造了 NBA 史上首次“黑八奇迹”。老鹰时期，穆托姆博两度当选最佳防守球员。加盟 76 人，穆托姆博又辅佐艾弗森打进总决赛。2009 年季后赛，穆托姆博被奥登撞伤膝盖，同年 7 月，穆托姆博因伤退役，彼时他已成为火箭“穆大叔”，成为姚明身边最得力的内线帮手。

在其漫长的 18 年 NBA 生涯中，穆托姆博作为联盟“常青树”，成长在中锋的黄金年代，又先后遭遇“飞人”“OK 组合”的统治期，暮年辅佐“姚麦”，被广大中国球迷熟识并喜爱。虽然终生无冠，但“穆大叔”荣耀等身，8 届全明星、4 届最佳防守球员、3 届最佳防守阵容一阵、3 届盖帽王、2 届篮板王。而且更为关键的是，他长臂挥舞，手指轻摆，用伟岸身躯铸就了一座不可逾越的“非洲大山”。

身高臂长，力量出色，在防守端卡位、预判都十分精准。尤其穆托姆博那双巨掌能后发先至，随时随地能给对手奉上一记遮天封盖。而且“杀人还要诛心”，每次盖帽后，穆托姆博会“摇手指”庆祝，仿佛告诫对手：“休想在我头上得分！”。

令对手们不胜其烦的“摇手指”得到NBA的官方认证，给出的解释是“‘摇手指’在穆托姆博家乡是一种特殊的庆祝方式，不犯规。”

穆式火锅要诀

1. 一对一防守时，高举双手，注意力集中，眼睛紧盯对手的手部。
2. 在对手的投篮出手的一瞬间，迅速向前起跳，伸直手臂进行封盖。
3. 向前起跳封盖时，身体要尽量保持垂直，以防被对手造犯规。

49

手肘传球

贾森·威廉姆斯

Jason Williams

五十四大巨星必杀技

技术要领◆此招的关键在于背后传球时先将球放在身后，传球的瞬间，非传球手的肘部从背后击打球时，尽量手肘靠近背部，不要支出角度过大。

虽然是剑走偏锋，但『手肘传球』绝非华而不实，否则也成为不了NBA历史长河中极其独特的一传。快速行进中背后传球，用肘部击打，其传球路线发生180度改变，令对手防不胜防。这比眼神误导的NO LOOK传球似乎更高了一个层次。如果不考虑『手肘传球』因为隐蔽性过强甚至骗过队友，以及过高的助攻失误比，这招本应成为NBA的高阶经典传球动作，而被广泛流传。

风骨传略

“白巧克力”贾森·威廉姆斯仅凭神出鬼没的传球就留名青史，虽然他一人持球九人慌，虽然他因为助攻失误比过高，往往被教练束之高阁，但是只要上场比赛，“白巧克力”就会送出曼妙无比的各种传球，瞬间点燃全场。

在NBA中，大多数球员都是致力于将球打进，而“白巧克力”却致力于传球，而且要传出匪夷所思的玄妙助攻。你永远猜不到下一颗“白巧克力”的味道，也猜不到下一次威廉姆斯的传球，他永远喜欢创新，将每一次传球都赋予自由奔放的灵魂，而且绝不雷同。

从1998年到2011年，“白巧克力”在NBA效力13年，辗转国王、灰熊、热火和魔术，1998/1999赛季入选最佳新秀一阵，2006年随热火夺得总冠军，除此之外，他未获得其他显赫荣誉。虽然星途黯淡，但“白巧克力”依然用独特传球方式在NBA书写了浓墨重彩的一笔。时至今日，他那一颗颗华丽传球依然能穿越时空，成为各大平台“十佳球”的常客。

“白巧克力”在最巅峰的2001/2002赛季场均才砍下14.8分、送出8次助攻，却伴随着3次以上的失误，这几乎都不是一支NBA球队首发控卫的及格数据，所以他没有成为被NBA后辈竞相效仿的榜样，“手肘传球”也濒临失传。正因如此，“白巧克力”在2000年全明星新秀赛的那次快攻中“手肘传球”，才被誉为不可复制的鬼才之作。

手肘传球要诀

1. 快速运球接近对手，随后向一侧背后传球，眼睛也朝向传球方向。
2. 背后传球的瞬间，另一只手的肘部向背后收拢，将球击回反方向。
3. 传球之前与跟进的队友形成默契，后者得球能随之上篮。如法炮制，也可以用其他方式肘部传球。

50

飞身背扣

阿隆·戈登

Aaron Gordon

五十四大巨星必杀技

技术要领◆具备超长的滞空时间以及弹跳高度，突破背扣往往要先在空中拉杆来躲避对手封盖，在落地之前保持足够腾空高度时，完成背扣。

作为现役联盟『暴力美学』的代言人，戈登擅长各种飞身暴扣，其扣篮力道刚猛雄浑，还蕴涵着一丝柔韧飘逸的优雅之美。尤其是他在空切或者突破之后那一记骤然猝起的背身扣篮，不仅如惊雷乍起般令对手猝不及防，还以入筐方式之霸道坚决，让对手无法防范。

风骨传略

2022/2023 赛季，阿隆·戈登场均得到 16.3 分、6.6 个篮板和 3 次助攻，投篮命中率达到生涯最高的 56.4%，是一名进攻效率不俗的侧翼小前锋。2023 年季后赛，掘金开启夺冠之旅，戈登不仅在防守端连续限制了杜兰特、詹姆斯与巴特勒“三大神锋”的高效发挥。还在进攻端化身奇袭尖刀，在约基奇身边游戈穿梭，成为联盟“空切王”，无论是场均空切次数和得分效率都高居联盟第一。此外，戈登还在快攻顺下、挡拆掩护和无球进攻中都能量十足，成为掘金总冠军之师中的第三号功臣（仅排在约基奇与穆雷之后）。

2014 年选秀大会，阿隆·戈登在首轮第 4 顺位被魔术选中。2016 年全明星扣篮大赛，戈登一扣成名，他与拉文联手奉献了一场“绝代双骄”史诗级扣篮盛宴。

戈登在魔术风生水起，但也暴露出作为主攻手时得分能力不足的问题，不过他是一名出色的辅佐之才和冠军拼图。2021 年戈登来到掘金，在约基奇身边得以完美绽放。

以超强的原始身体天赋做背书，并拥有顶级球商与嗅觉，更为难得的是天赋惊人且正值盛年的阿隆·戈登甘心在掘金担任配角。2023 年总决赛，面对热火身体相对单薄的锋线群，戈登频频在低位背身要球，得球后利用体型与速度的优势迅速碾过对手，以“大吃小”攻击篮筐。兴致所致，戈登还会来一记空切暴扣，迅速用转身背切撕碎对手的防线。

虽然这位扣篮大赛“无冕之王”拥有傲视同侪的能力，但戈登绝不仅仅是一名扣将，他投射具有一定的准头，无球空切、侧翼防守都属于联盟顶级。尤其在随掘金夺得2023年总冠军之后，戈登的境界与风评都得到了升华

当然，如果觅得机会，戈登依旧会上演如惊雷般暴扣

飞身背扣要诀

1. 沿底线突破飞身上篮。
2. 如果遇到对手跳起封盖，可以在空中选择拉杆动作进行躲避。
3. 待躲开对手封盖，自己落地之前，在空中双臂持球上举，利用强大的腰腹力量，二次发力，将球从篮筐的另外一侧狠狠灌入。

作为当今联盟最强扣将之一，阿隆·戈登曾三次参加全明星扣篮大赛，却三次均无缘扣篮王头衔。

2016年全明星扣篮大赛，戈登与拉文联袂上演“绝代双骄”扣篮对决，二人都是不世出的天才，谁胜谁负都在情理之中。最终拉文凭借在加赛中的罚球线胯下换手扣篮稍胜一筹，加冕扣篮王，而戈登也从此名满天下。

最强对手成就最强自己，戈登与拉文两位扣篮天才轮番上演惊世名扣，不仅挽回扣篮大赛声誉，还联手成就全明星史上最经典的一届扣篮对决，甚至超过了2000年卡特的惊世三扣以及1988年乔丹与威尔金斯的“神仙打架”。

一年后的2017年扣篮大赛，也许是最强对手拉文不在，作为夺冠热门的戈登意兴阑珊，在预赛就爆冷出局。

2020年，心怀“扣篮王”执念的戈登第三次参加扣篮大赛，并展现出超然实力，前5次扣篮均为满分。最后一扣，戈登飞跃2.26米的法尔，可谓对于冠军志在必得，却因为韦德颇受争议的9分再次无缘扣篮王桂冠。从此，戈登心灰意冷，宣布从此退出扣篮大赛。

2021年，戈登从魔术转会到掘金，也将00号战袍换成50号，以扣篮大赛的满分（50）来激励自己。

虽然戈登宣布扣篮大赛“封扣”，但他已经是无数球迷心中的“无冕扣篮王”，而他在2016年扣篮大赛的飞跃魔术龙（魔术队吉祥物）的坐扣，也被评为全明星扣篮大赛的最佳扣篮。

ORLANDO
00

51

胯下跳跃步

拉夫·阿尔斯通

Rafer Alston

五十四大巨星必杀技

技术要领◆胯下跳跃步对平衡性要求颇高，重心降低，运球衔接一定要快，整个动作极富韵律感，非常优雅、轻盈，就像它的名字一样跳着就把人给过了。

我们关于阿尔斯通的记忆，更多源于『姚麦时代』的火箭，他是那支火箭的主力控卫，是队中最擅长给姚明传球的人。而阿尔斯通还有另一种显赫身份，美国街球界的『乔丹』。即便是在NBA赛场，他也经常用招牌式『胯下跳跃步』运球，来彰显那颗『跳跃的灵魂』。

风骨传略

从1998年NBA选秀大会第2轮第9顺位被雄鹿队选中，到2010年淡出NBA，拉夫·阿尔斯通效力了雄鹿、猛龙、热火、火箭、魔术和篮网6支队伍，留下12载NBA时光。

虽然阿尔斯通算不上NBA的顶级控卫，但也创造了许多高光时刻，火箭球迷耳熟能详的是2007/2008赛季荡气回肠的“22连胜”。作为那个时期火箭的主力控卫，阿尔斯通打满了全部22场，场均贡献15.7分、6.6次助攻。尤其是连胜的第22场，姚明因伤缺阵、麦迪手感低迷，阿尔斯通挺身而出，砍下自己在火箭生涯最高的31分，率领火箭击败科比领衔的湖人，为“22连胜”画上闪亮的句号。2009年总决赛，魔术对阵湖人，阿尔斯通在第四场砍下20分、4次助攻，帮助魔术取得那届总决赛的唯一一场胜利。

阿尔斯通15岁时就在美国街头界声名鹊起，他在洛克公园首次展现胯下跳步运球时，被惊为天人，DJ大声喊出“Skip to my lou”。于是，“Skip to my lou”伴随阿尔斯通风靡街球世界，阿尔斯通有了一个优雅的绰号——“跳跃的灵魂”。

2008年3月17日，火箭对阵湖人，阿尔斯通飙中了8记三分球，砍下生涯最高的31分，帮助火箭以104比92击败湖人，将连胜场次定格在22。他还在这场“生涯之夜”展现了“街球王”的风采，频频使用跳跃步戏耍武贾西奇，让那位莎拉波娃的前任男友颜面尽失。

阿尔斯通绰号“街球王”，正如古龙所言“一个人的名字也许会起错，但绰号绝不会错”，阿尔斯通在街球界的地位，相当于乔丹之于篮球届，是无法撼动的至尊王者。虽然阿尔斯通在街球界地位崇高，但他并未在“舒适区”故步自封，而是勇闯 NBA，在最高的职业篮球殿堂实现自己的价值。

胯下跳跃步要诀

1. 持球面对防守者，向侧前方一步，同时肩部向同侧晃动。
2. 持球手手腕向内侧翻，胯下运球到身后，背后接球再运回到到身前。
3. 重心向持球侧移动，持球侧脚蹬地发力，加速运球摆脱防守。

52

造犯规

肖恩·巴蒂尔

Shane Battier

五十四大巨星必杀技

技术要领◆精准预判到对手的进攻路线，双脚站定提前在路线上的合理冲撞区之外，保持不动，挺直身体，正面迎向进攻者，被撞后顺势倒地。

绝技

作为一名顶级防守专家，巴蒂尔阅读比赛和预判能力相当出色，属于靠脑子打球的高智商流派。在他众多的防守技能包里，『造犯规』堪称一绝。当对手突破试图攻击篮筐时，他总能适时地出现在进攻路线上，双脚站得稳稳的，等待对手撞向自己，不仅让对手无功而返，还得赔上一次犯规。

风骨传略

他曾在 2009 年西部半决赛眉骨开花、血溅赛场却依然死战不休，也曾在 2013 年总决赛抢七大战中射入 6 记三分球。2014 年，他手握两枚总冠军戒指功成身退，在 NBA 留下风度翩翩的身影。他甚至因为睿智儒雅，被认为是 NBA 中最有可能成为总统的人。

一句“I CAN PLAY”，火箭球迷顿时会忆起那位笑容温煦的 31 号。他还是完美的 3D 模板、冠军拼图和人生赢家，NBA 历史唯一参与两次 22+ 连胜（火箭 22 连胜、热火 27 连胜）的球员。这就是肖恩·巴蒂尔的故事，一个 NBA 角色球员的成功典范。

2001 年选秀大会首轮第 6 顺位被灰熊队选中时，巴蒂尔就展现出顶级 3D 球员的潜质，新秀赛季三分球命中率高达 37%，加上坚韧的防守，以及杜克出品的团队属性，让他成为所有教练眼中的完美拼图。灰熊“黑八奇迹”、火箭 22 连胜、热火 27 连胜以及两连冠，13 年 NBA 生涯，巴蒂尔在效力过的三支球队中都留下闪亮的轨迹。

巴蒂尔是一个制造“带球撞人”进攻犯规的高手。球迷们曾无数次看到这样的场景：攻方球员带球杀入腹地，马上就要跃起攻筐，一道身影挡在身前，双脚牢牢钉在合理冲撞区之外，然后被撞倒，哨响、攻方球员进攻犯规，这位被撞倒的球员就是巴蒂尔。造“带球撞人”看似简单，但包含许多玄机，技术、意识和无畏的精神缺一不可。

他运动天赋平平，却是那个时代最好的外线防守尖兵之一，其独创的“遮眼法”有效地限制了科比，成为“黑曼巴”在场上不想见到的人。他在场下是彬彬有礼的谦谦君子，在场上却是喋血奋战的无畏斗士。他出身名门（杜克），辅佐“姚麦”“詹韦”，是巨星身边低调内敛的“蝙蝠侠”，却总能作出非凡贡献。

造犯规要诀

1. 提前站在进攻路线上，确保自己在合理冲撞区之外，保持不动。
2. 双脚打开，降低重心，身体正面迎向进攻者，双手护于身前。
3. 被撞后尽量臀部先着地，避免受伤，触地后可在地板滑行来卸力。

53

绕腰上篮

贾马尔·克劳福德

Jamal Crawford

五十四大巨星必杀技

技术要领◆临近防守者突然提速，佯装突其一侧，诱对手防守重心偏移，通过背后收球，将球从背后腰间绕到另一侧的手中，再顺滑流畅地上篮。

克劳福德球风灵动飘逸，极具创造力。他那眼花缭乱的一招一式不仅酷炫无比，还暗含杀机，随风起舞，暗影闪袭，一击致命。譬如这招『绕腰上篮』，上篮的同时，将球绕腰，绝不仅仅追求表面的风流潇洒，还加强了上篮方向的迷惑性，让对手在防守时无从下手。

风骨传略

2022 年 3 月，当贾马尔·克劳福德在 42 岁生日当天宣布退役时，世人才惊讶地发现，他在 NBA 竟然效力长达 20 年。从 2000 年首轮第 8 顺位被骑士选中（随即交易至公牛）到 2020 年告别篮网，克劳福德先后效力于公牛、尼克斯、勇士、老鹰、开拓者、快船、森林狼、太阳和篮网 9 支球队。整个 NBA 生涯都在漂泊的他很难择一城终老、更难以成为球队主力，即便如此，克劳福德还是在有限的上场时间内打出“超级微波炉”表现。三次代表三支球队荣膺最佳第六人，四次代表四支球队单场得分 50+，两项均成为 NBA 历史唯一的壮举。此外，他还 60 次完成“打四分”，同样历史第一，生涯总共投中 2221 记三分球，排在 NBA 三分榜的历史第八……作为替补能取得如此成就，克劳福德尤为不易。

克劳福德从来不是建队基石，也从未入选过全明星、夺得过总冠军，但凭借熟极而流、华丽灵动的得分技巧，还是成为 NBA 史上独领风骚的最佳第六人之一。

克劳福德有着“人类背运精华”的美誉，他的背后运球就像优雅曼妙的华尔兹舞步，令观者赏心悦目。凭借超强的身体协调能力和控球技巧，克劳福德总能做出异于常人的灵犀之作，一招“绕腰上篮”不仅令球迷击节赞叹，也能晃得防守者如坠梦中。

绕腰上篮要诀

1. 快速行进，临近防守者时突然发力向持球一侧发动突破佯攻，误导对手防守重心向此侧偏移。
2. 起步上篮，同时背后收球，把球从背后腰间绕到另一侧。
3. 从另一侧将球绕到体前之后，迅速持球完成上篮攻筐。

54

丹尼斯·施罗德

360度变向

Dennis Schroder

五十四大巨星必杀技

技术要领◆用 360 度转身摆脱防守创造进攻空间，要把握好转身时机与节奏，两个 180 度转身要衔接流畅，毫无疑滞，浑然成为 360 度一体。

施罗德在三分线外持球面筐，旋即转身180度，让对手误认为传球之际，施罗德又转身180度面筐突破而去，这就是招牌动作360度变向，与中国功夫中的『回马枪』有异曲同工之妙，都是利用假象迷惑敌方，明修栈道，暗度陈仓。在对手犹豫的那一刻，就像一道黑色闪电直插篮下，送上致命一击。

风骨传略

丹尼斯·施罗德，昵称“小黑”，自 2013 年选秀大会首轮第 17 顺位被亚特兰大老鹰选中之后，施罗德在 NBA 兜兜转转已十年，效力过老鹰、雷霆、湖人、火箭和凯尔特人，场均贡献 14.0 分和 4.7 次助攻，表现只能算是中规中矩。这位继诺维斯基之后首位在 NBA 首轮被选中的德国籍球员，没有向前辈诺天王那样大放异彩，而因为（身高 1.85 米、体重 78 公斤）先天“吨位”不足，施罗德这位“羽量级”小控卫在 NBA 赛场上难以施展才华。

而施罗德在国家赛场上的表现比 NBA 多出许多层级。作为德国男篮国家队的绝对核心，拥有大量持球出手权以及战术地位之后，“小黑”在国家赛场上可谓威风八面，就连他那瘦小身躯也成为突破利器。他熟悉并适应 FIBA 的规则，加上身材轻灵、突破迅疾，能在国际赛场上纵横无忌。2023 年男篮世界杯，施罗德步入篮球巅峰，他率领德国男篮夺得冠军，场均得到 19.1 分、6.1 次助攻，荣膺了该届世界杯的 MVP。

无论是在 NBA，还是国际赛场，施罗德的 360 度过人突破都屡试不爽。2022 年欧锦赛，施罗德就曾用这招戏耍 NBA 最佳防守球员戈贝尔。2023 年世界杯决赛，施罗德砍下 28 分，率领德国男篮以 83 比 77 力克塞尔维亚男篮夺冠。在 8 战全胜的夺冠之路上，作为 MVP 的施罗德面对世界篮坛诸雄，曾屡次使用 360 度变向，且颇具威力。

施罗德虽然有着风驰电掣的速度与相对精准的投射，突传俱佳，可惜因为身材单薄、对抗不足，始终未能占定在NBA首发控卫的一席之地　与NBA赛场波澜不惊相比，施罗德在国际赛场可谓风生水起

360度变向要诀

1. 在45度三分线附近持球面筐佯装突破，急停，外侧脚做轴，原地向后转身180度。
2. 背对篮筐，佯装传球，但转体间隙，外侧脚脚尖点地，再转180度，共转体360度之后，面对篮筐。
3. 推球变向，迅速直杀篮下。

GOLDEN STATE TEAM STATS
LOS ANGELE
Unlock the potential of global teams in days, not months.
Unlock the potential of global teams in days, not months.
g-p.com
WARRIORS
30
LAKERS
State Farm

一技封神

球场实战模拟全解析

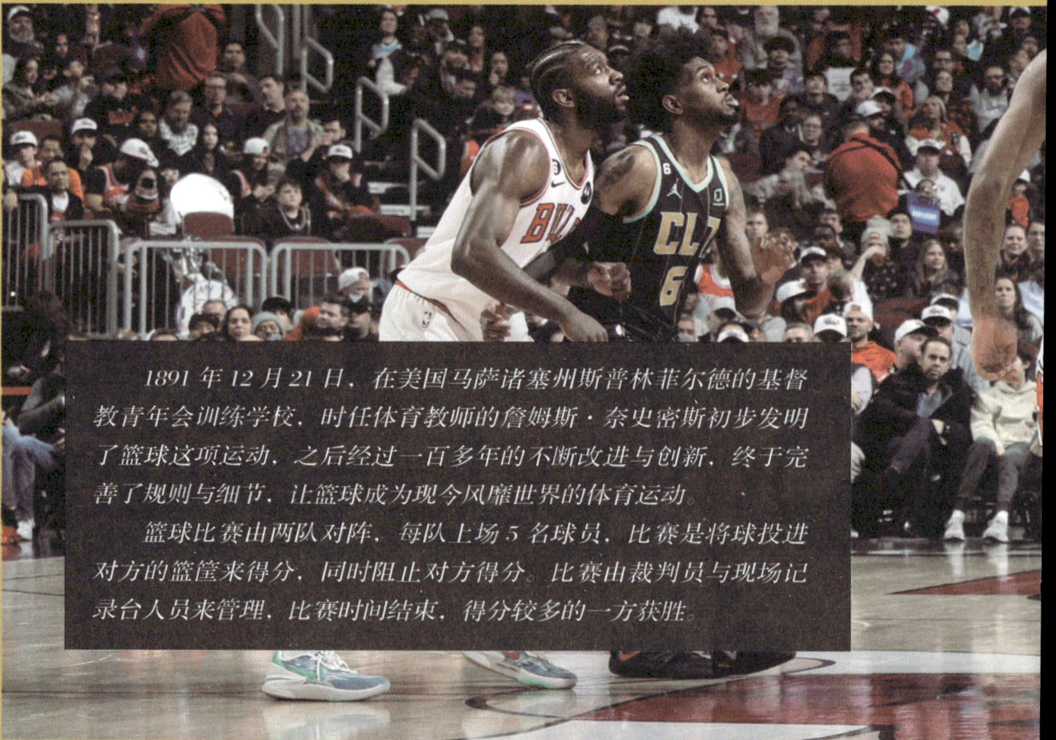

1891 年 12 月 21 日，在美国马萨诸塞州斯普林菲尔德的基督教青年会训练学校，时任体育教师的詹姆斯·奈史密斯初步发明了篮球这项运动，之后经过一百多年的不断改进与创新，终于完善了规则与细节，让篮球成为现今风靡世界的体育运动。

篮球比赛由两队对阵，每队上场 5 名球员，比赛是将球投进对方的篮筐来得分，同时阻止对方得分。比赛由裁判员与现场记录台人员来管理，比赛时间结束，得分较多的一方获胜。

开场哨

Basketball

篮球是一种是以手持球、强调配合的团队竞技运动。1891 年，由詹姆斯·奈史密斯发明，如今职业篮球分布在两大领域。

1. 国际篮球联合会，简称“国际篮联”（FIBA）。1932 年成立，由世界各国篮球协会组成，负责制定篮球（国际篮球球例、比赛用篮球场及其他的具体规格）规则，掌控球员的调动、任命比赛裁判以及举办大型赛事等篮球事务。

1936 年，国际篮联将篮球推广到奥运会，成为其重要的比赛项目。此外，国际篮联还定期举办篮球世界杯、青年篮球锦标赛等赛事。

除了 NBA 之外，世界各国职业联赛以及国际比赛基本都使用的是 FIBA 制定的标准与规则。

2. 美国职业篮球联赛，简称“美职篮”（NBA），是职业篮球的最高殿堂。不仅拥有乔丹、张伯伦、拉塞尔、科比、艾弗森、邓肯、詹姆斯、杜兰特以及库里等灿若云霞的本土巨星，还云集了诺维茨基、姚明、帕克、吉诺比利、纳什和约基奇等来自世界各地的篮球翘楚。

1946 年 6 月 6 日，NBA 的前身 BAA 在美国成立，这也是 NBA 元年，到如今经历 77 年的发展与壮大，NBA 已拥有巨大影响力。

NBA 的篮球场地尺寸以及规则与 FIBA 略有不同，但殊途同归，都是篮球运动的重要组成部分。

国际篮联FIBA

01 FIBA

1. 场地大小 [FIBA]

FIBA（国际篮联）的球场标准尺寸长28米、宽15米。尺寸均从界线的内沿丈量。标准赛场应保留（向界外延伸至少2米）无障碍物区域。

2. 三分线范围 [FIBA]

FIBA三分线是一个规则的半圆形，三分线距离篮筐在任何角度都是6.75米。

3. 比赛时长 [FIBA]

FIBA比赛每场常规时间为40分钟，分4节，每节时长为10分钟，如果常规时间战平，比赛进入加时赛。

加时赛时长为5分钟，如果加时赛依旧战平，就进入第2次加时赛，以此类推，直到决出胜负。

4. 暂停规则 [FIBA]

FIBA比赛只有主教练才能要求暂停。每支球队每场比赛有5次暂停机会，上半场有2次，下半场有3次，暂停限时为1分钟。加时赛只有1次暂停机会。

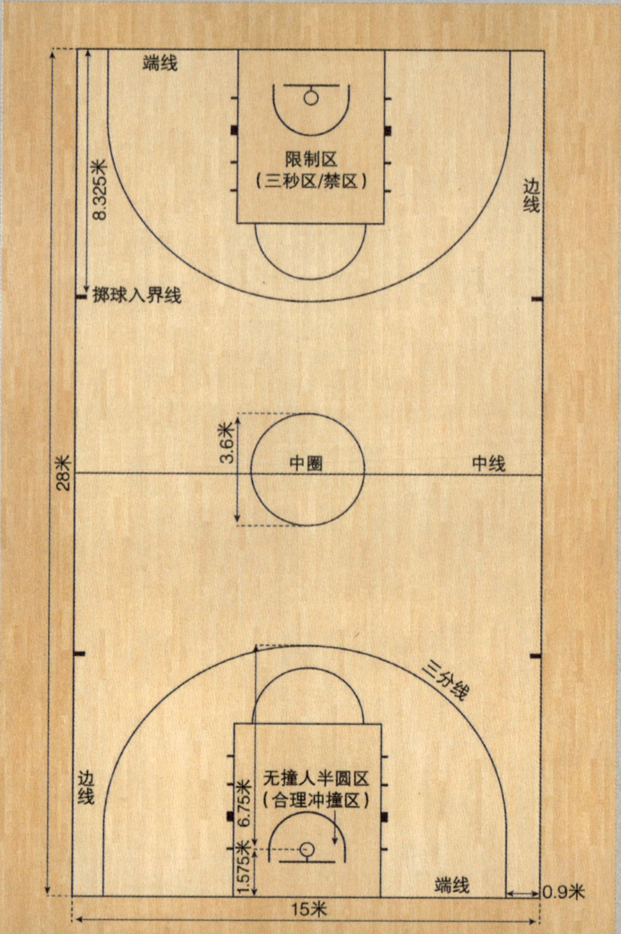

5. 犯规规则 [FIBA]

FIBA每场比赛，每位登场球员允许有5次（普通）个人犯规。技术犯规计入团队犯规之中。FIBA不存在恶意犯规，类似犯规列入违体犯规（违反体育道德犯规）。出现违体犯规，被犯规方将获得两罚一掷的机会（类似NBA一级恶意犯规）。

FIBA每场比赛，如果一名球员累计2次技术犯规，或2次违体犯规，或1次技术犯规加1次违体犯规，会被驱逐出场。

此外，犯规还有双方犯规、进攻犯规以及对无球人犯规等规则，一方犯规后，被犯规方可以获得球权或者罚球等补偿。

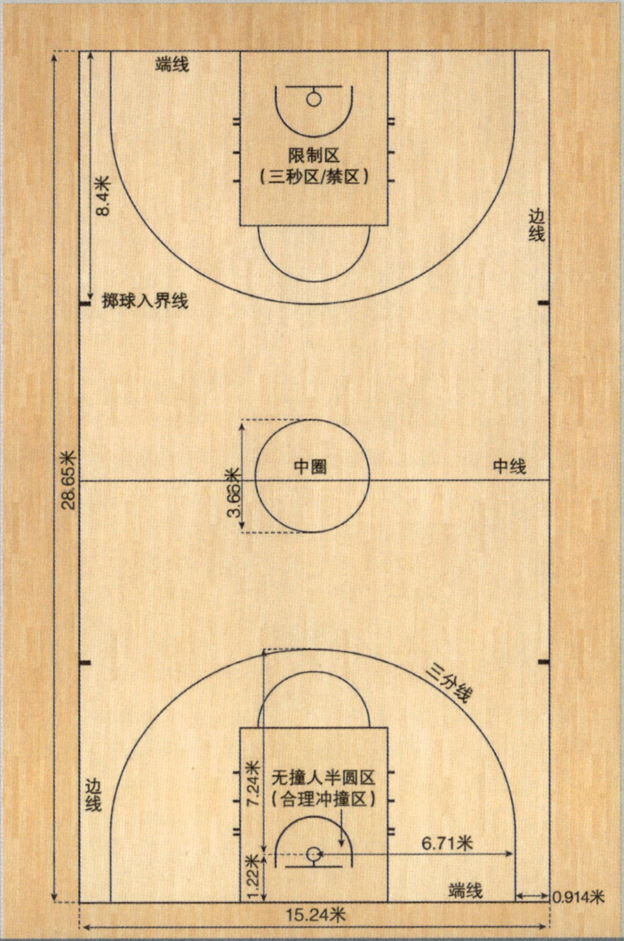

美职篮NBA

02 NBA

1. 场地大小 [NBA]

NBA（美职篮）的球场标准尺寸长 28.65 米、宽 15.24 米。NCAA 赛场与 NBA 相同。

2. 三分线范围 [NBA]

NBA 三分线是一个不规则的半圆形。三分线圆弧距离篮筐最远 7.24 米，三分线底角距离篮筐最近，只有 6.71 米。

3. 比赛时长 [NBA]

NBA 比赛每场常规时间为 48 分钟，分 4 节，每节时长为 12 分钟，如果常规时间战平，比赛进入加时赛。NBA 加时赛时长与规则和 FIBA 相同。

4. 暂停规则 [NBA]

NBA 每支球队每场有 7 次长暂停与 2 次短暂停。第四节不能超过 4 次暂停，最后 2 分钟及以内不能超过 3 次暂停，加时赛有 3 次暂停。

在 NBA，主教练与持球球员都可以要求暂停。长暂停（含官方暂停）限时分为 100 秒、60 秒两种。短暂停为 20 秒，上下半场更有一次短暂停。

5. 犯规规则 [NBA]

NBA 每场比赛，每位登场球员允许有 6 次（普通）个人犯规，而技术犯规并不计入个人犯规之中。

NBA 比赛，如果某位球员对对手施加不必要或者过分的身体接触，可以被判为一级恶意犯规，如果是故意且用力重度冲撞对手者，可以被判为二级恶意犯规。两种恶意犯规均会判给被犯规方两罚一掷（两次罚球加上一次发球权），而被判定为二级恶意犯规的球员，还会直接被罚出场。

6. 干扰球规则 [FIBA]

FIBA 比赛，投篮后的皮球上升到最高点后开始下落，并且球在篮筐水平面之上，或碰到篮板后，如果有球员（无论攻守双方）触碰皮球，都属于干扰球。

7. 三秒违例 [FIBA]

三秒区是指以篮筐为中心向球场内延伸的一个（4.88 米 ×5.8 米）区域，也称禁区。在 FIBA 比赛中只存在进攻 3 秒违例，是指进攻方球员在无球或者有进攻动作与意图时在三秒区停留 3 秒以上，进攻方将被判罚交换球权。FIBA 没有防守 3 秒违例，防守方球员可以在三秒区停留任意长的时间。

8. 走步违例 [FIBA]

在 FIBA，奉行“零步”原则，球员持球后，首先触地的脚为支点，从这个支点开始，球员必须衔接运球或以两步上篮。

进攻方走步违例，将被判罚交换球权。

国际篮联FIBA

9. 犯规如何判定 [FIBA]

在 FIBA，每一名站在地面的球员占据一个假想的圆柱体空间，双脚之间以及躯干延伸，包括垂直起跳向上的空间，都属于圆柱体空间。

持球进攻球员可以在自己的圆柱体空间内完成正常的运球、投篮或者传球动作，不能将手臂与腿部超出圆柱体，造成与防守球员的肢体接触，从而获得额外的进攻空间。

防守球员面对持球进攻者时，必须在自己的圆柱体内做正常的防守动作，譬如手臂上举，不要超过自己的圆柱体过度接触进攻方球员。

一旦防守球员占据一个合法的防守位置，可以保持静立，不能向持球进攻者的方向移动，与持球必须用躯干接触。

犯规会给予相应的判罚，例如罚球或者转换球权等等。

10. 各种违例 [FIBA]

在 FIBA，有走步、两次运球、出界等各种违反规则的违例行为，一般均判罚转换球权。

此外还有涉及时间的违例行为，除了上述的 3 秒违例，还有 8 秒违例，是指后场发球，进攻方得球者必须在 8 秒内进入自己的前半场。24 秒违例，是指单次（后场）进攻时间最多限定为 24 秒，从进攻方触球开始计时，到投篮入网或者皮球触到篮板或篮筐停止，在 24 秒内完成。此外，当进攻方抢下篮板二次进攻、比赛最后 2 分钟暂停之后进攻方选择前场发球等情况下，进攻限定时间为 14 秒。

以上超时违例判罚为交换球权。

6. 干扰球规则 [NBA]

NBA 与 FIBA 比赛中的干扰球规则基本相同，只是在 NBA，当球在篮筐上方且位于篮筐的虚拟圆柱体内时，球员不允许触球。

在 FIBA，当球击中篮筐后向篮筐方向下降，如果球已有超过一半脱离篮筐的虚拟圆柱体，球员可以触球。

美职篮NBA

9—10. 犯规与违例 [NBA]

在一般犯规与违例的规则与判定上，NBA与FIBA基本相同，在此就不再赘述了。

其他违例还包括：球回后场、干扰球、脚踢球等，一般判罚为交换球权。而罚球时，球员有可能存在罚球超时、罚球假动作、提前进线等违例行为，FIBA 规定执行罚球的球员应在 5 秒内出手，NBA 规定 10 秒内出手。

投篮时被打手犯规，如果投篮不中，持球进攻球员将获得 2 次罚球机会，如果投篮命中，将加罚 1 次。推人犯规、阻挡犯规、带球撞人等犯规，一般判罚为交换球权。

如果出现顶撞裁判、挑衅对手等技术犯规，或者更激烈的恶意犯规，将视情节轻重依照规则判罚。

篮球赛场千变万化，其犯规违例规则判罚也细致繁杂，在此就不一一列举了。

7. 三秒违例 [NBA]

在 NBA 比赛中不仅存在进攻 3 秒违例，还存在着防守 3 秒违例。

防守 3 秒违例是指防守方球员在三秒区持续停留 3 秒以上时间被视为违例，作为判罚，奖励进攻方罚球 1 次。

8. 走步违例 [NBA]

在 NBA，有“准备步”，球员在移动中接球，最多可以持球（调整脚步）走两步再停下来。

NBA 为了增加进攻的流畅性，走步判罚处于粗放状态，譬如后撤步投篮、Crossover 变向等都徘徊在走步边缘，而被无视。

篮球比赛中，每队派出5名球员，他们因为位置与分工不同，一般大致分成控球后卫、得分后卫、小前锋、大前锋以及中锋，也依次分别被称为1、2、3、4与5号位球员。

陈兵列阵

控卫 分卫 小前锋 大前锋 中锋

最强之人已在阵中！

控球后卫、得分后卫、小前锋、大前锋与中锋虽然分工不同，但相互倚重且彼此默契，扬起所长，通过具体的战术与配合，来赢得比赛胜利。

随着小球时代的崛起，场上位置感也逐渐模糊，让1到5号位球员不再泾渭分明，也让某些传统位置淡出视线，但他们都曾显赫一时。从“古早期”的中锋盛世到分卫当家，从世纪初涌现四大大前锋再到控卫天下。如今回首，赫然发现过去十年的八届总决赛MVP，竟然被小前锋独揽。

1 控球后卫

PG 球队指挥官与战术发起点

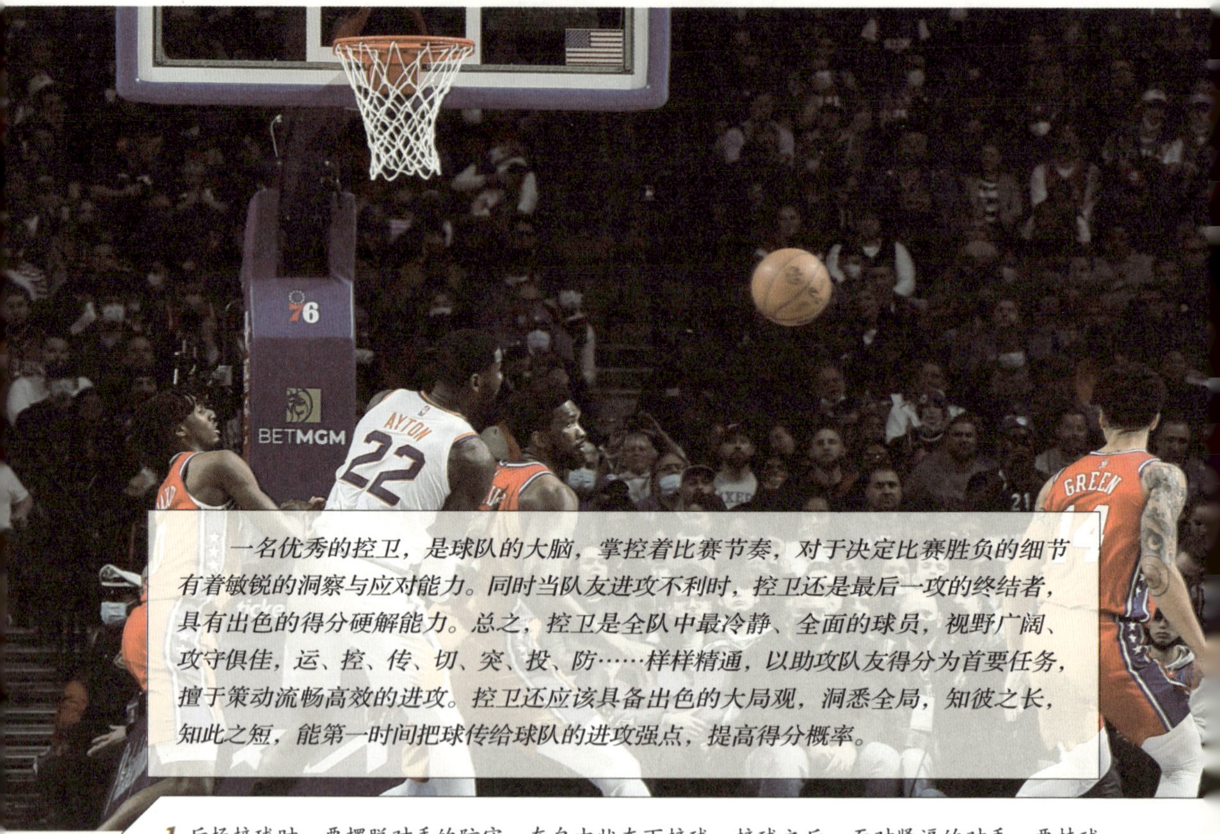

一名优秀的控卫，是球队的大脑，掌控着比赛节奏，对于决定比赛胜负的细节有着敏锐的洞察与应对能力。同时当队友进攻不利时，控卫还是最后一攻的终结者，具有出色的得分硬解能力。总之，控卫是全队中最冷静、全面的球员，视野广阔、攻守俱佳，运、控、传、切、突、投、防……样样精通，以助攻队友得分为首要任务，擅于策动流畅高效的进攻。控卫还应该具备出色的大局观，洞悉全局，知彼之长，知此之短，能第一时间把球传给球队的进攻强点，提高得分概率。

1. 后场接球时，要摆脱对手的防守，在自由状态下接球。接球之后，面对紧逼的对手，要持球在一侧，朝着过人方向下球“横扫”，逼退对手。
2. 持球行进时，切忌低头盲目运球，能做到视野广袤、洞悉全场，如有机会可以第一时间传球。
3. 能在一对一单防时，安全并快速运球进入前半场，避免后场 8 秒违例。
4. 尽量避免长时间持球，其余场上 4 位队友要积极移动，摆脱防守，创造接球的空间。
5. 不要轻易停球，可以用娴熟的运控来应对紧逼防守。一旦在紧逼下被迫停球，要持球背对对手。
6. 策动进攻，首先传球给空位或在有利位置的队友，避免盲目出手投篮。
7. 擅于审时度势，合理传球。譬如侧翼与队友传切时，用裤兜传球；连线切入禁区的队友时，传高吊球；突入内线佯攻时，可以回传（肘位）跟进的队友或者分球给埋伏在底角的队友。

一号位

控球后卫，简称控卫，又称组织后卫，是全队进攻的组织者与战术发起点，用传球策动进攻，为队友创造得分良机，用突破打乱对手防线，并拥有精准的中远投能力。在防守端能够通过精准的预判来抄截球，第一时间延缓对手的进攻。

NBA 历史上从不缺乏超级控卫，无论是华丽全面的“魔术师”，还是传控有度的斯托克顿，抑或钟灵毓秀的保罗，他们都将传球演绎到了极致。随着进攻大潮的兴起，像库里、利拉德这样的进攻型控卫也成为一号位上的主角。

控球后卫必备十大要素

8 熟稔各种传球技巧，不要轻易跳起传球，传球时不要让对手看破意图，有出色的远投射力，可以创造更大的进攻空间。

9. 与队友建立默契关系，并相互信任。控卫是战术发起点，必要时，要在进攻开始时用手势向队友阐明教练的具体战术安排，并用语言激励或提醒队友在攻防两端打出更完美表现。

10. 沉着、冷静，有一颗大心脏，既能成人之美（以助攻队友得分为己任），又能一剑封喉（在队友打不开局面时，做一名得分破冰的终结者）。

虽然说控卫以传球为主，但 NBA 天赋异禀的进攻型控卫层出不穷。从四夺得分王的“答案”艾弗森，到加冕历史三分王的“萌神”库里。这些骨子是超级分卫的控卫，从前又称 “双能卫”。他们有着无限自主进攻权，加上持球在手的得天独厚，足以让每一次进攻都曼妙无比。就连那进攻起手式“拜佛”，都氤氲着仙佛之气。

利用节奏变化与急起急停晃开对手的防守重心，快速变向突破。

做“拜佛”时，眼睛要瞄准篮筐，这样投篮才会逼真。注意佯投时避免真合球，“拜佛”持球时也不要翻腕。

拜佛

Point Guard
外线进攻起手式

这是一种佯装合球投篮，通过停顿，晃飞防守者之后突破攻筐的高阶连招动作。因为双手合球形似虔诚礼佛，所以此动作被称为“拜佛”。这也是当今外线球员常用的进攻起手式。

“拜佛”细则补充

1. 要做到无往不利，首先要有强大的外线投射威慑力，库里三分球射术冠绝古今，所以他的“拜佛”成为所有防守者的梦魇。

2. 进攻者在三分线外运球，1V1 面对防守者，突然沉身佯装合球，同时抬头眼神瞄向篮筐，微微停顿做欲投篮状。注意运球停顿时持球手不要放在球的下方，以免走步犯规。

3. 摄于进攻者强大的外线投射能力，防守者往往会飞身封盖。在对手腾空失去防守位置之际，进攻者的持球手腕一拧，将佯装合球变成一个运球变向，晃过防守者，迅速杀向篮筐，用上篮或者扣篮得分，这其实也是一个高阶版的“假投真突”。

2 得分后卫

SG 跳投美如画的王牌得分手

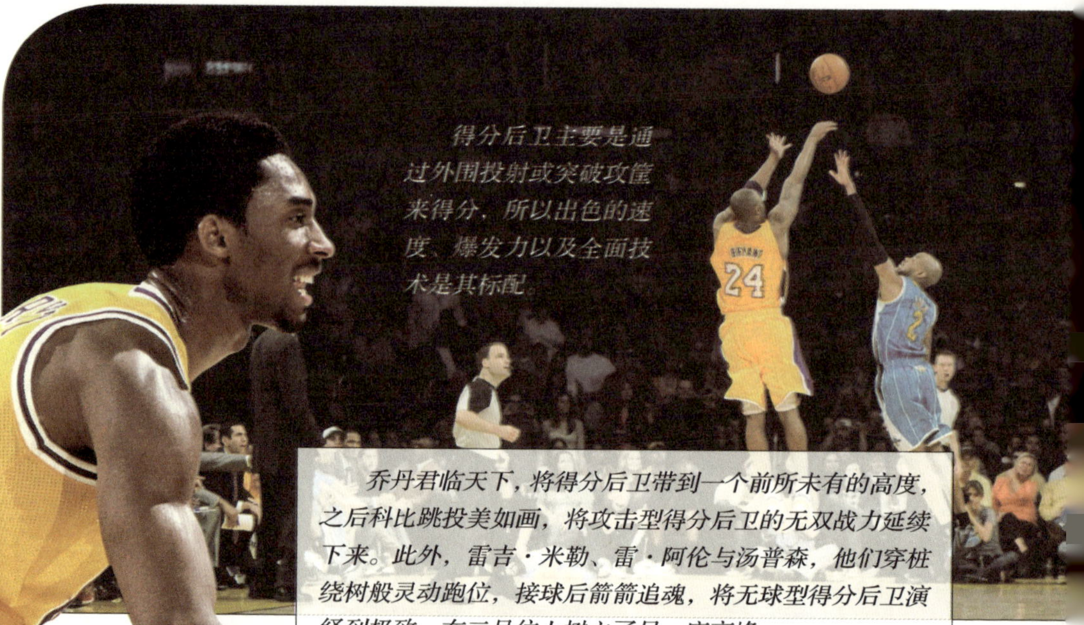

得分后卫主要是通过外围投射或突破攻筐来得分，所以出色的速度、爆发力以及全面技术是其标配。

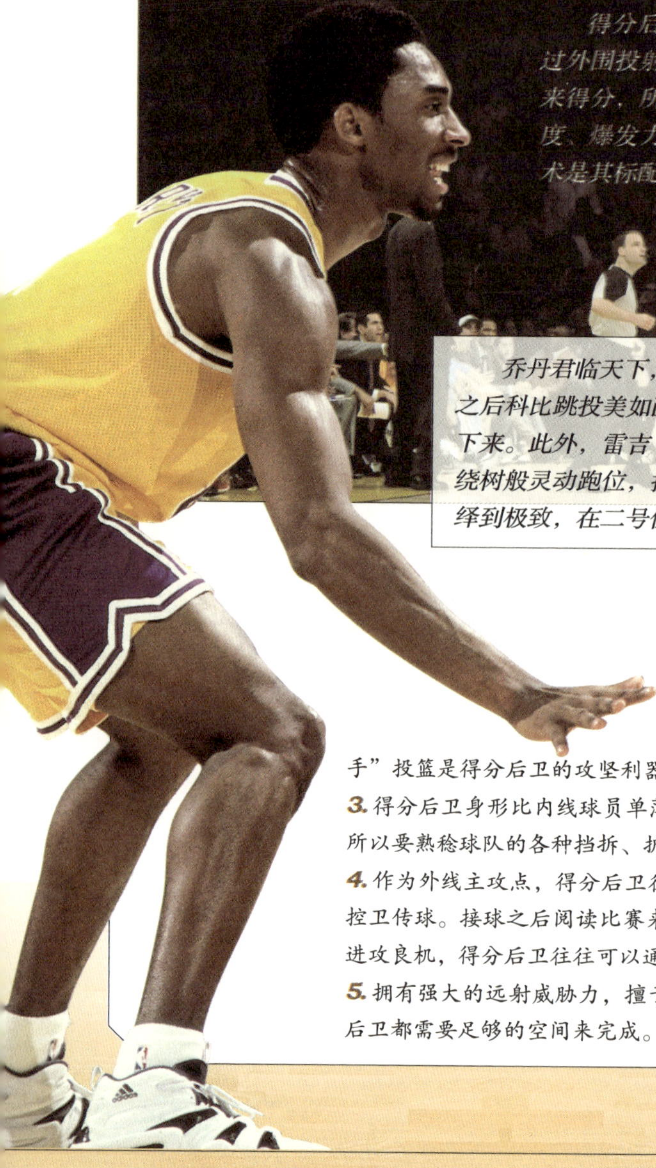

乔丹君临天下，将得分后卫带到一个前所未有的高度，之后科比跳投美如画，将攻击型得分后卫的无双战力延续下来。此外，雷吉·米勒、雷·阿伦与汤普森，他们穿桩绕树般灵动跑位，接球后箭箭追魂，将无球型得分后卫演绎到极致，在二号位上树立了另一座高峰。

1. 得分后卫要在场上保持速度与爆发力的优势，身材不宜过高，大约从 1.90 米到 2.05 米之间。

2. 投篮要确保精准而稳定，出手必须快，且不惧身体对抗，所以乔丹、科比的“硬手”投篮是得分后卫的攻坚利器，布克、德罗赞也在使用此种方式投篮。

3. 得分后卫身形比内线球员单薄，经常靠无球跑位来寻找（投篮）空位，所以要熟稔球队的各种挡拆、折返、空切等战术，与队友配合比较多。

4. 作为外线主攻点，得分后卫往往在三分线外的腰位游弋，第一时间接到控卫传球。接球之后阅读比赛来选择（传、投、突）具体进攻。如果没有进攻良机，得分后卫往往可以通过“三威胁”，来发起进攻。

5. 拥有强大的远射威胁力，擅于创造空间，无论接球、投篮、攻筐，得分后卫都需要足够的空间来完成。

得分后卫，顾名思义，主要负责得分的球员，一名优秀的得分后卫往往是球队中的王牌得分手。胜任这个位置需要具备出色的持球单打、中远投射以及突破能力，并且能找到空位快速完成接球投篮，偶尔也能组织进攻、助攻队友。

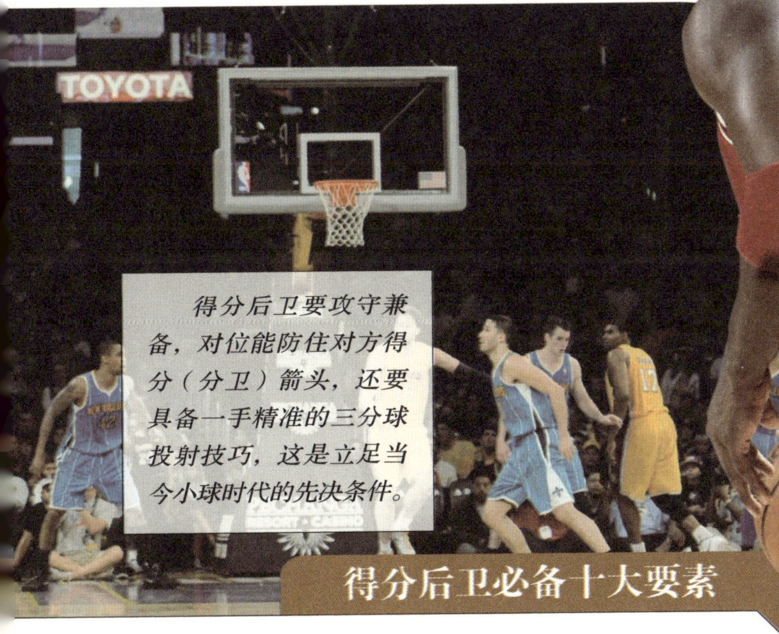

得分后卫要攻守兼备，对位能防住对方得分（分卫）箭头，还要具备一手精准的三分球投射技巧，这是立足当今小球时代的先决条件。

得分后卫必备十大要素

6. 在防守端，能够通过盯防和抢断来限制对手进攻。因为要防对方的进攻强点，得分后卫要持续保持出色的速度、敏捷性和专注度，需要有足够的体力与毅力来维系整场高水准表现。

7. 得分后卫虽然肩负得分重任，但他们既不能像控卫那些长时间持球在手，也不能像小前锋那样频频持球单打（当然乔丹、科比与布克那种顶级得分手除外），所以得分后卫不占过多的球权，在进攻时更多依赖配合、跑位，来寻找那来之不易的投篮空间（空位），并拥有接球之后瞬息间把球投进的能力。

8. 得分后卫要技术全面，能够辅助控卫、小前锋来完成具体的进攻战术，组织传球、持球背身单打都能驾轻就熟。

9. 无球型分卫必须拥有一手精准的三分球，以便拉开进攻空间，同时，如果球队有持球型进攻大核，他们会如虎添翼。

10. 攻击型分卫能够依靠强大的单打能力吸引包夹，制造空当，并且在包夹时能将球传到空位队友，通过传球瓦解对手防线。

3 小前锋
大马长枪的侧翼全能者

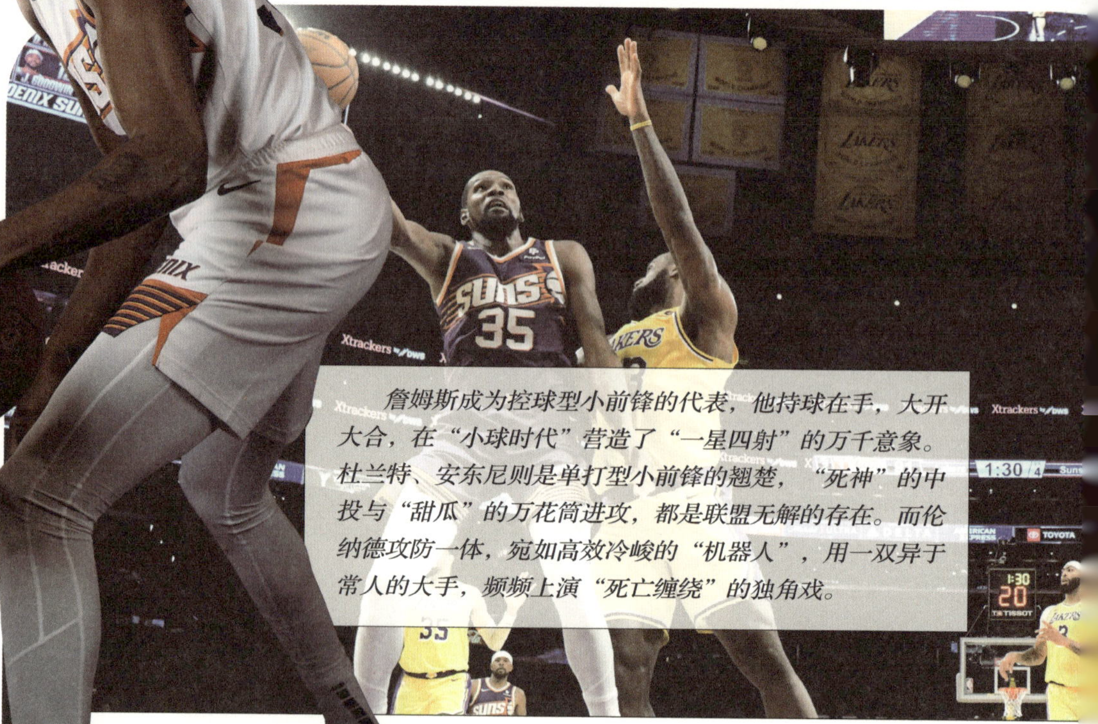

詹姆斯成为控球型小前锋的代表，他持球在手，大开大合，在“小球时代”营造了“一星四射”的万千意象。杜兰特、安东尼则是单打型小前锋的翘楚，“死神”的中投与“甜瓜”的万花筒进攻，都是联盟无解的存在。而伦纳德攻防一体，宛如高效冷峻的“机器人”，用一双异于常人的大手，频频上演“死亡缠绕”的独角戏。

1. 接球后注意将球置于额下保护，快速进入三威胁状态，并阅读对方防守，准备发动进攻。

2. 启动前将身体重心移动到想要突破的方向，突然加速启动，如果突破时发现不能攻筐或者获得投篮空位，应当及时传球给队友。

3. 小前锋是联系内外线的枢纽，要审时度势、洞察全局，持球运转力求干净利落。

4. 小前锋对位对方后卫有着身高优势，对位对方内线有速度优势。错位时，在攻防两端都要擅于发挥自己的优势。此外，小前锋还具备快速空切的能力。

5. 低位背身单打，如果具有体型优势，可以转身扫球获得突破空间之后，碾进禁区上篮得分。也可以在扫球获得空间之后，直接投篮，前提是对自己投篮有信心。

6. 有投篮“甜点位”，一般用急停跳投来得分，在快速突破时急停要突然，并且投篮要稳。一名优秀的小前锋，要保持 45% 以上的投篮命中率。

小前锋的首要任务也是得分。相较于得分后卫，他们更擅长单打，通过身体力量的优势，从侧翼杀入内线。突破空切也是拿手好戏，他们身材相对分卫较高，所以中远投无需繁复的跑位配合，单挑对手时往往选择简单粗暴的干拔投篮。

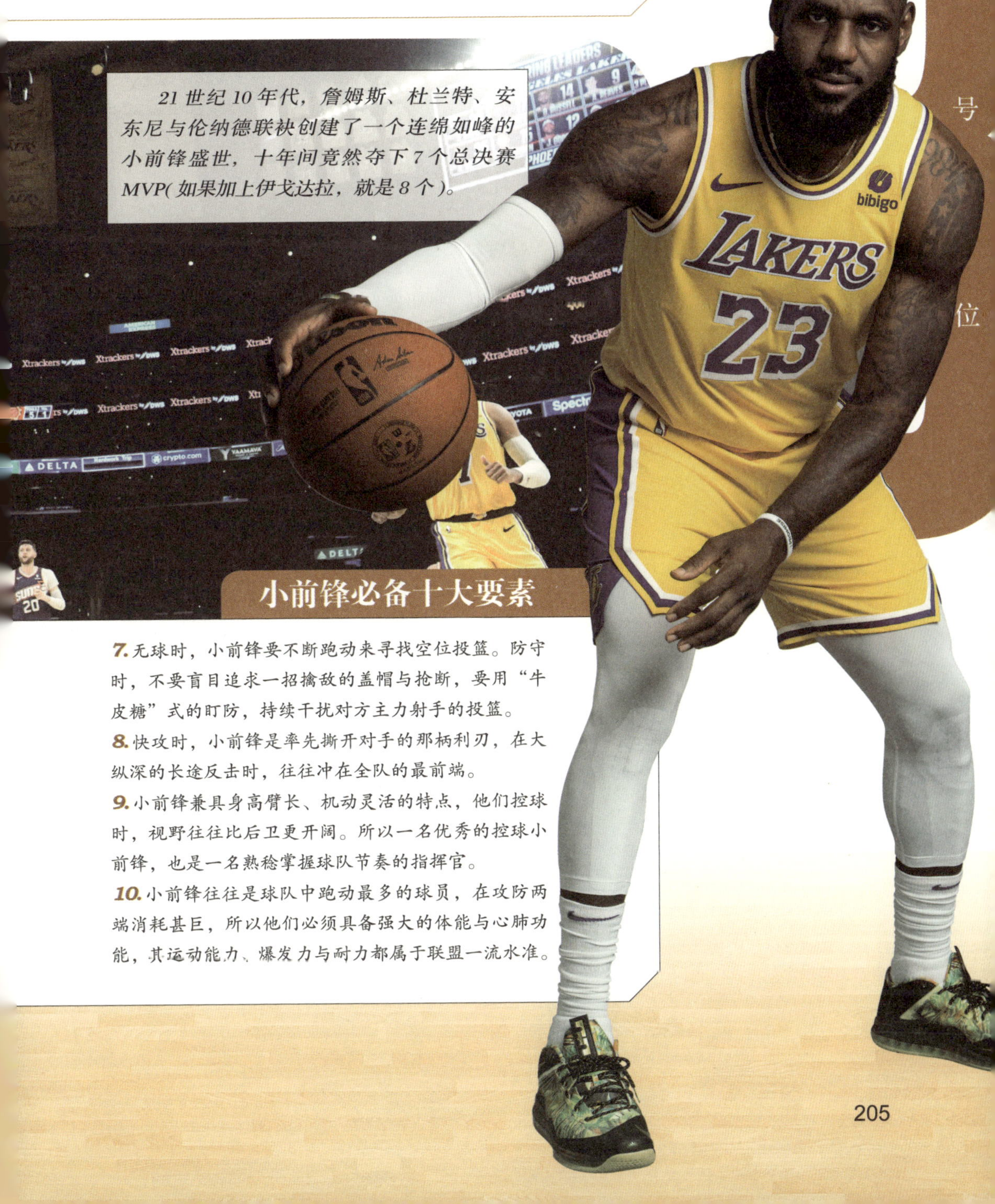

21 世纪 10 年代，詹姆斯、杜兰特、安东尼与伦纳德联袂创建了一个连绵如峰的小前锋盛世，十年间竟然夺下 7 个总决赛 MVP(如果加上伊戈达拉，就是 8 个)。

小前锋必备十大要素

7. 无球时，小前锋要不断跑动来寻找空位投篮。防守时，不要盲目追求一招擒敌的盖帽与抢断，要用“牛皮糖”式的盯防，持续干扰对方主力射手的投篮。

8. 快攻时，小前锋是率先撕开对手的那柄利刃，在大纵深的长途反击时，往往冲在全队的最前端。

9. 小前锋兼具身高臂长、机动灵活的特点，他们控球时，视野往往比后卫更开阔。所以一名优秀的控球小前锋，也是一名熟稔掌握球队节奏的指挥官。

10. 小前锋往往是球队中跑动最多的球员，在攻防两端消耗甚巨，所以他们必须具备强大的体能与心肺功能，其运动能力、爆发力与耐力都属于联盟一流水准。

在球场两侧45度（三分线）附近，持球对阵单防者时，“三威胁”成为锋卫球员（得分后卫、小前锋）最喜欢的进攻起手式，譬如科比与安东尼。所谓“三威胁”，是指球员持球准备进攻时，摆出一种可传球、可投篮和可突破的姿势，让对手猜不到你下一步动作。这种充满迷惑性的进攻态势，大有“黑云压城城欲摧”的压迫感。

三威胁细则补充

1. 接到球时不要盲目下球突破，而是将球放于颌下或背对防守者，做好护球。

2. 持球时一定要淡定，头部抬起，目视前方，双膝略屈，腰部绷直，形如蓄势待发的弓，做到以静制动。同时阅读对手的防守与队友的跑位境况，快速选定防守薄弱区域做突破或传球的态势。

欲做好“三威胁”，首先必须具备精准的中远投能力，这样“三威胁”才能对于防守者形成起手式的威慑性。

3. 迈出试探步，外迈脚的幅度超过防守者的外侧脚，加大突破威慑力。如果对手忌惮你的突破而后退防守时，你就得到出手空间可以选择跳投来终结。如果迈出试探步，对手没有退防，可以突然急停，趁对手跟停的瞬间，再忽然加速向另一侧迅疾突破。

总结一下，持球“三威胁”时通常有两种选择 。一、先投篮虚晃，如果让对手摄于你强大的投射能力，能被点起时，就趁机突破（向右虚晃后往左突，反之亦然）。二、先突破虚晃，对手如果后退，就趁机拔起投篮。要做好“三威胁”，首先自己不能失去重心，还有你突破、投篮衔接要自然流畅，如果闪出空间，要能顺利完成突破或者投篮。

4 大前锋

PF 高屋建瓴的摩天摘星客

随着小球时代的到来，大前锋被迫变得多才多艺，不仅能拉到三分线外成为精准的“高炮台”，还多了几分组织策应能力。

大前锋任劳任怨，低调而坚韧。他们比中锋灵活机动，比小前锋强壮凶悍，在攻防两端威力巨大。无论是帮助球队的协防、补防，还是高位策应，中距离投射以及低位进攻，都能驾轻就熟。

巅峰时的邓肯与加内特都是全能天花板级的“六边形战士”，成为胜利者与硬核领袖的化身。诺维茨基在 2011 年率领小牛击败“迈阿密三巨头”领衔的热火夺得总冠军，写就了“投射型大前锋”的史诗神话。而如今随着小球时代的风起云涌，NBA 中的大前锋有些青黄不接。

1. 凭借超强机动性与厚实身板儿，尽量多的杀入内线得分。在低位无论背身单打还是面筐进攻，都要充分展现出“禁区野兽”的侵略性与娴熟技巧。投篮时要时刻保持不中抢板的准备，以便投篮不中时，还能抢下篮板补篮命中。

2. 篮板是球队的生命线，而大前锋是全队中抢板能力最积极的球员，他们移动面积大而移动脚步迅速，能在攻防两端为球队提供强有力的篮板球保护。

3. 大前锋需要拥有强大的下肢力量，以确保与对手对抗时所做动作的稳定性，中锋亦然。

4. 大前锋的防守端可谓无所不能，无论单防、协防、补防、追防还是小防大（防中锋）、大防小（防外线球员），都能胜任。此外，大前锋的封盖面积也要足够广袤，凭借其超强运动能力以及身高臂长的静态天赋，用封盖打造出一片“禁飞区”。

5. 大前锋不仅保持传统的优秀中投能力，还要开发出一手精准三分球，这在当今的小球时代尤其重要，这样可以打造出更多的进攻空间与战术选择。

6. 力求在内线更深的位置上要位，这样攻筐更具杀伤性。此外，大前锋提上策应或者挡拆掩护时要熟悉战术路线以及队友的跑位进攻习惯，做到彼此配合默契无间。

7. 在攻防两端要做到凶猛的同时注意保持身体的控制。对位攻防时，保持一定强度的身体对抗，

四号位

大前锋又名二中锋，主要负责抢板、防守、卡位、挡拆和辅助中锋进攻等工作，也具备一定的得分能力。他们体型壮硕，身高一般在2米到2.15米之间。虽然历史上不乏巴克利、卡尔·马龙这样的顶级四号位球员，也没能改变大前锋的“蓝领”宿命。

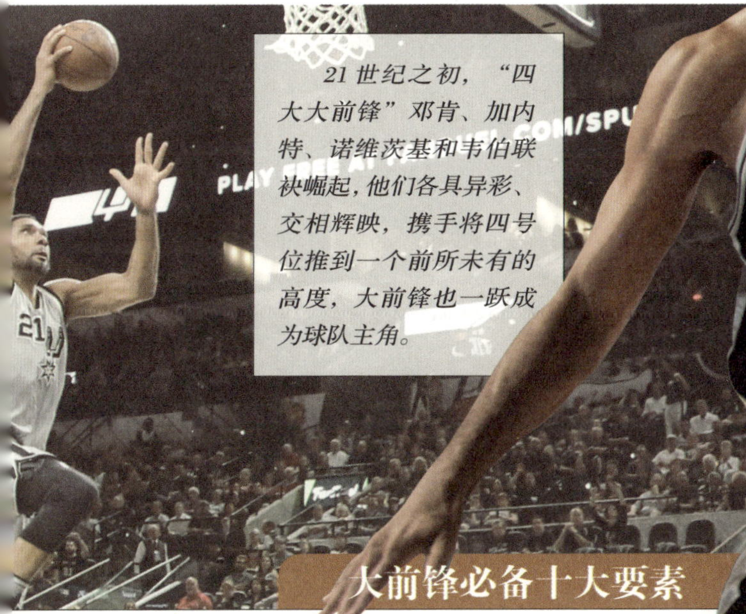

21世纪之初，“四大大前锋”邓肯、加内特、诺维茨基和韦伯联袂崛起，他们各具异彩、交相辉映，携手将四号位推到一个前所未有的高度，大前锋也一跃成为球队主角。

大前锋必备十大要素

但不能明显支肘或者明显发力侵犯对方圆柱体，以免造成不必要的犯规。

8. 内线要球时，一般临近三秒区的腰位，不要轻易站入三秒区，以免三秒违例。如果在三秒区底线附近遇到夹击，处于无球状态时可以快速跑出底线。

9. 作为内线球员，大前锋的进攻自主权与投篮机会相比较少，要积极拼抢前场篮板争取补篮得分。而一名优秀的大前锋的投篮命中率应该达到50%以上。

10. 防守时，大前锋凭借身体力量的优势，用封盖、抢板与阻扰等技巧最大程度限制对手进攻。进攻时，由于中锋占据内线，所以大前锋需要用精准中投拉开进攻空间，还要拥有不错的高位策应能力，能在高位疏导球队的进攻，并能与中锋完成娴熟的高低位配合。

5 中锋

C 翻江倒海的内线巨无霸

NBA 自古以来，超级中锋连绵不绝，从麦肯、拉塞尔、张伯伦这样的“史前巨擘”，到 20 世纪八九十年代，“天勾”与“四大中锋”奥拉朱旺、尤因、大卫·罗宾逊和奥尼尔异彩纷呈。21 世纪之初，“第一中锋”奥尼尔终于将无双天赋兑现，豪取三连冠 & 三连总决赛 MVP 的至尊荣耀。姚明登陆 NBA，“姚鲨”对决联手缔造了中锋时代的最后辉煌。

小球时代逐渐兴起，中锋一脉也逐渐没落，就连“魔兽”也埋没于滚滚骑射浪潮之中。中锋身材高大但移动相对缓慢，与现代强调“速度与三分球”的理念不符，逐渐边缘化，成为球队中专注防守与辅助进攻的配角。而如今，随着全能天才中锋约基奇强势崛起，五号位又迎来了复兴的曙光。

1. 中锋在内线得分，承受着最激烈的对抗，懂得如何利用体型优势硬抗对手插到篮下要球，不仅需要出色的身体天赋，还要深谙各种内线“抢位”技巧。

2. 低位背身进攻时，合球后可以利用各种转身假动作晃开对手突破到篮下，如果突至上线正对篮筐，可以勾手、挑投，也可以虚晃转身，创造出更好的投篮空间之后再出手，如果突至两侧，可以擦板投篮。

3. 要建立常规的进攻区域，宛如足球的“×× 走廊”，以便队友喂球。进攻停球做各种转身虚晃，在下一次运球（球离手）之前，轴心脚不要移动。

4. 对手如果绕前防守，可以伺机而动，选择转身反跑或者突然向前卡位等方式来要球。卡位时手臂要张开、双脚自然分开，降低中心，身体成“大”字形把对手挡在身后。

中锋是一个球队的中心人物，一般都由队中身材最高的球员担任，身高大多在 2.08 米以上。他们是球队攻防两端的枢纽，进攻时位于突前中心宛如枪锋，防守时又成为最后一道防线、禁区护筐的“巨灵神”，故名为中锋。

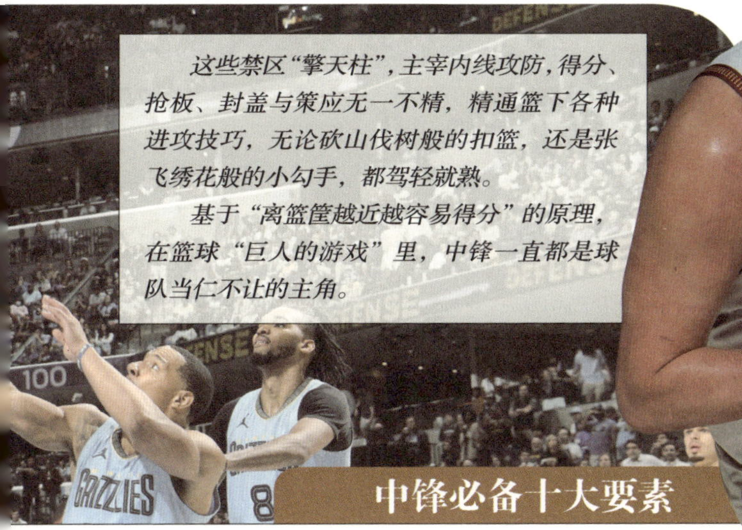

这些禁区“擎天柱”，主宰内线攻防，得分、抢板、封盖与策应无一不精，精通篮下各种进攻技巧，无论砍山伐树般的扣篮，还是张飞绣花般的小勾手，都驾轻就熟。

基于“离篮筐越近越容易得分”的原理，在篮球“巨人的游戏”里，中锋一直都是球队当仁不让的主角。

中锋必备十大要素

5. 在内线持球，除了直接进攻之外，还要具备出色的传球技能与视野。在高位时，中锋如果有“空中建筑师”般策应助攻的能力，可以将球队进攻梳理得无比丝滑流畅。

6. 中锋是球队最后一道的防线，要有“一夫当关，万夫莫开”的霸气。能够单防住对方中锋，还能补防、协防住其他闯入己方禁区的对手。所以中锋要熟悉各种对手的进攻路数，做到知己知彼。

7. 拥有开阔视野以及快攻意识，能抢下篮板之后，第一时间发现快下的队友，直接用“四分卫”式长传来助攻队友“达阵”快攻。

8. 在如今篮球比赛中，中锋还应该掌握一手精准的三分球。虽然他们在外线进攻不免落下球风偏软之嫌，但在如今骑射如风的 NBA，身材高大的中锋一旦拥有精准的三分球，将为球队进攻端带来意想不到的化学反应。

9. 中锋几乎贡献着全队最多的篮板与盖帽数，除了身高臂长的先天优势之外，还有精准的预判与过人的积极性。禁区是兵家必争之地，有一位出色中锋坐镇，自家禁区也可能成为“禁飞区”。

10. 作为球队的大纛，也是对手冲击的首要目标，中锋要注意保护自己，不要陷入犯规麻烦和三秒违例，做好各种攻防细节。

背身单打，顾名思义，就是背对防守者单打的一种进攻方式。

虽然是在内线背身单打，但这招适用于场上所有球员。乔丹、科比、安东尼与皮尔斯都是擅长背身单打的外线高手。而中锋与大前锋这些内线球员因为体型庞大与所处于位置的原因，其背身单打有着得天独厚的优势。

当今联盟，约基奇成为执内线牛耳者，他看似慵懒的背身单打实则千变万化、威力无穷。

2022/2023 赛季，约基奇场均背身单打多达 9.1 次，比排名第二的恩比德多出 2.6 次，是联盟不折不扣的“背打王”。

背身单打细则补充

1. 一般在 45 度区域要球，抢位时要将对手倚到身后，接球之后首先用腰背部顶着对方，注意护球，避免被对位防守者掏球的同时，也留意其他对手的袭扰掏球。
2. 通过身体接触挑动防守者的重心，并用余光观察场上的攻防态势。

背身单打

Centre forward

内线进攻起手式

能将背身单打演绎到出神入化者，非“大梦”奥拉朱旺莫属，他那繁复华丽的梦幻脚步，将背身单打蕴含的万千气象都淋漓展现。

而将背身单打的优势发挥到极致者，当属巴克利，他依靠强大的臀部力量一路顶着防守者碾入篮下终结进攻，对手几乎无解。为了限制巴克利这种重型大前锋（以及马克·杰克逊这种重型控卫）的背身单打，NBA出台了5秒规则，规定进攻球员在前场罚球线延长线以下的区域不能背（侧）对篮筐运球超过5秒钟。

3. 如果感知到对位者出现防守重心偏移，可以迅速进行转身单打。前转身突到上线，可以用勾手、挑篮或者跳投来终结；后转身突至底线，可以选择上篮、扣篮或者跳投，投篮时也可以打板。

4. 可以先做半转身误导，之后再反向转身突破上篮，或者后转身拉开空间跳投。

5. 背身单打充分且合理地利用自己腰、背、臀的力量顶开对手，但不要主动发力过猛，以免犯规。

6. 通过节奏、重心与脚步的变化来冲击对手，实则虚之，虚则实之。虚实莫测，让对手防守不得要领。而你在虚实之间自然流畅的进行快速进攻，令对手猝不及防。

7. 真正的背打高手，一定还是传球大师，譬如约基奇，背身单打时能做到脑后长眼，洞悉全局，经常传出NO LOOK等匪夷所思的妙传，用助攻来瓦解对手防线。

篮球战术分攻守两大领域，是个人技术合理使用和团队协作相融合的结晶。力求二者完美结合，才能最大程度上发挥本方的优势，掌握比赛的主动权。战术运用得当，可以让球队战斗力远远超越1+1大于2的效果，是赢得比赛的必备条件。

比如NBA的金州勇士，他们的成功正是在战术运用和团队合作上取得的。他们灵活运用各种战术，包括三分球战术和快攻战术，同时强调团队合作和球员的多面能力。这些战术体系的成功应用使他们成为一支卓越的篮球球队。

攻守有据

篮球进攻防守战术全解析

篮球比赛精彩而复杂，是一项强调团队配合的竞技运动。知己知彼，百战不殆。如何针对不同对手，运用不同的战术，来增加团队协作、激发球员的即战力。在攻防两端以己之长克彼之短，才是制胜的王道。

6大基础进攻战术配合

作为一项团队运动，彼此之间的配合至关重要。篮球的基本就是传切、突分、掩护、策应四种配合，如果再详细解读，可以分为如下6种基础配合。

挡拆要诀

1. 欲做挡拆的二人要用眼神彼此交流，并选定好挡拆位置，这需要彼此默契。

2. 做“墙”掩护的队友尽可能变宽，降低重心，双脚展开（脚间距不超双肩），双手挡在胸前。

3. 持球球员绕过“墙”掩护的队友时，尽量贴着队友大腿擦过，不给对手留有挤过去的缝隙。

4. 做挡拆掩护的球员必须提前到位站定，不能移动掩护，不能用手脚扩大防守范围，不能（主动发力）肩顶背撞防守者。

六大进攻战术配合

1 挡拆

掩护是指进攻队员利用身体挡住追防队友之对手的移动路线，或是利用队友挡住追防自己之对手的路线，从而摆脱防守获得进攻机会的配合，分为有球掩护与无球掩护两种。

挡拆，是有球掩护的一种高阶方式，一般是指进攻方内线球员站定在持球球员附近，以身体阻止对手对持球球员的盯防，为持球队友创造进攻空间。“挡拆”基本上是由两名队员相互掩护创造接球投篮或二次进攻机会的配合，简单分为“挡”和“拆”。

进攻方内线球员站在持球球员附近，以身体为其做“墙”掩护。挡拆时，持球球员朝着即将做“墙”掩护的球员方向行进，与此同时，做掩护的球员保持不动，用胸抵住前来盯防的对手肩部冲撞，这就是“挡”。

做掩护的球员以身为“墙”挡住对手的瞬间，持球队友绕“墙”直达篮下攻筐，或者传球给做掩护后顺下的球员，这就是“拆”。

挡拆虽然是最基础的进攻配合，但如果运用到极致也能出神入化，派生出无穷战力。NBA 历史上，爵士的“犹他双煞”马龙和斯托克顿就是将挡拆战术运用到完美的代表。

六大进攻战术配合

2 传切

传切是球员之间运用传球与空切相配合的一种进攻方式。大致分为两种，一种是“一

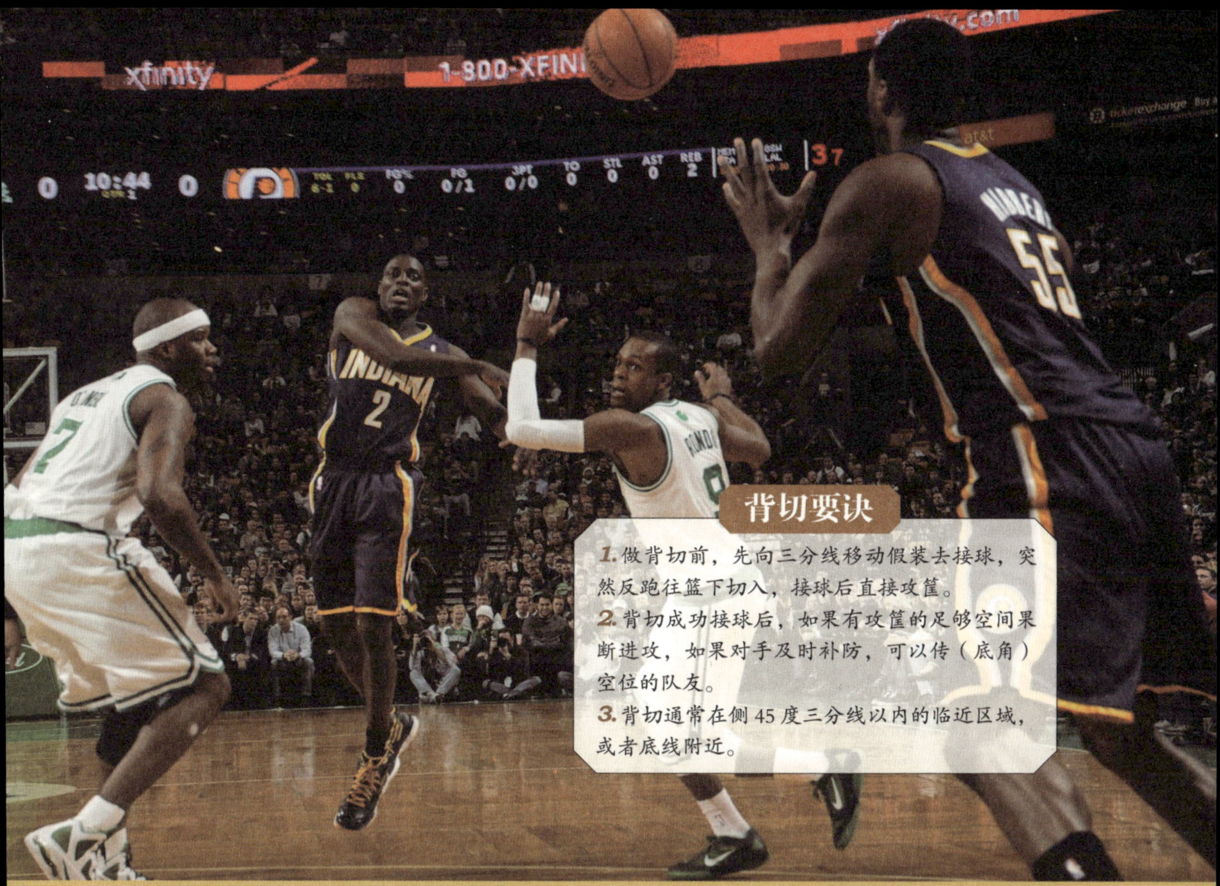

背切要诀

1. 做背切前，先向三分线移动假装去接球，突然反跑往篮下切入，接球后直接攻筐。
2. 背切成功接球后，如果有攻筐的足够空间果断进攻，如果对手及时补防，可以传（底角）空位的队友。
3. 背切通常在侧45度三分线以内的临近区域，或者底线附近。

传一切”，持球者传球后立即摆脱防守切入篮下，再接队友回传球来攻筐出手或传球。另一种是“空切配合”，是无球队员摆脱对手切入防守薄弱区域，接球投篮或传球。

随着篮球运动的发展，攻击性更强的吊扣、传扣和空切后的空中接力扣篮屡见不鲜。

传切配合的关键是“切入”，是指无球进攻球员通过快速移动，移形换位，来到对手防守弱环创造接球得分机会。切入也是一种重要的进攻技巧，可以如利刃一般瞬间撕开对手的防线。常见的切入包括背切，V切，L切，弱侧切入，闪切等。

进行传切配合的球员，需要彼此默契，并拥有敏锐的观察力和出色的爆发力，传球队友还有良好的视野和精准的传球能力，能够及时发现切入的队友并及时传球。

3 六大进攻战术配合 策应

策应是篮球进攻战术的基础配合之一，建立在传切的基础之上。进攻队员（通常是高大内线）背对或侧对篮筐接球后，再由他做枢纽，传球给空切、绕切的外线队友，来一个里应外合的进攻方法。

进行策应的球员必须能抢占有利位置，还要具备良好的传球视野与意识，能根据场上的瞬息万变的形式果断分配进攻球权。

无论在高位、低位还是底线进行策应配合时，策应球员还要用转身、跨步、调整位置方向、突然提上或者压下等方法协助队友摆脱防守，增加策应的威胁性。

4 六大进攻战术配合 突分

突破分球是指进攻球员持球突破吸引包夹，传球给空位队友来投篮得分，又称突分。如果进攻球员的突破上篮威胁性较大，防守方不得不调兵协防，此时突破队员将球传给处于防守薄弱环节的队员，形成空位投篮机会。突破分球拥有隐蔽性强、变化多端等优势，是撕开对手防线的一把利刃。

做好突分配合，首先持球球员拥有突破上篮的绝对杀伤力，其次无球的进攻球员要同时移动跑位，彼此同气连枝、互有灵犀。待对手调兵协防突破上篮球员时，一定会留下防守空当，届时，突破球员能及时传球给空位队友，接球的队友一定拥有精准的射术与射程，能命中空位投篮，这样才能打出妙趣横生且成功的突分配合。

突破分球一般可分为三种套路：中路突破传外线埋伏的队友；45 度突破传给跟进的队友；底线突破传中路包抄的队友。

5 六大进攻战术配合 快攻

攻防转换时，进攻方以最快速度、最短时间建立以多打少的攻击优势，趁对手立足未稳快速得分就是快攻。一次漂亮且成功的快攻配合，能令人赏心悦目。快攻一般可分为长传快攻、短传快攻和运球突破快攻。

进攻方球员抢下防守篮板球时或后场掷界外球时，争取快速将球传送到前场，通过长传或快速地传球来实现突然袭击。

快攻可以改变比赛节奏，打乱对手防守布局，并能快速涨分。然而，能做好快攻配合，需要球员之间心意相通和彼此信任，并全队如臂使指，珠联璧合，配合默契。

快攻战术在如今 NBA 早已屡见不鲜，但太阳早在 18 年前就推出“7 秒战术”，将快攻推到一个极致状态，可惜生不逢时，那支菲尼克斯的太阳只是昙花一现。

6 六大进攻战术配合 单打

虽然名曰单打，但也是一种战术配合，需要队友跑位为单打球员拉开进攻空间。

如果本方有“1V1”得分能力超强的球员，那就可以单打。单打通常分内线（低位）单打、外线（高位）单打，也有“点名”单打。

进攻方的最强得分手持球，其他四位无球的进攻方球员主动跑位带走防守球员（最好将对手带到三分线外），让持球球员与对手“1V1”单打时，拥有充足的进攻空间。

单打一般在关键追分时使用，通常交给队中得分能力最强的球员来执行，有时也会让（与对手对位优势明显）球员来单打。

尽管单打可以带来高效得分，但过度依赖导致球队进攻单一化，并让其他球员在进攻端缺乏参与感，因此，单打会被谨慎使用。

7大经典战术体系

1 三角进攻

“禅师”杰克逊带领乔丹的公牛与科比的湖人共拿下11个总冠军，所应用的便是三角进攻。三位核心进攻时始终组成三角阵型，彼此通过默契无间的配合，既发挥出整体优势，也能实现单打机会，其余两名进攻球员牵引策应。此战术有单打无解的巨星压阵时才能产生无穷变化和威力，这也是一种局限。

2 普林斯顿

卡瑞尔教练率先将此战术应用于普林斯顿大学队，并在NCAA大放异彩，因此有了“全攻全守”普林斯顿体系。

场上五名进攻球员都在不停地空切、反跑、穿插，球随人动，总能出现在空位的队友手中。这种华丽流畅的战术在阿德尔曼麾下的那支国王得以完美展现。

3 跑轰战术

进攻追求最快速度，趁对手立足未稳早得分，以此带动整体攻防节奏，力求拖垮对手，跑轰体系中要求进攻球员传射俱佳。2004/2005赛季，纳什率领太阳打出极致跑轰“7秒”进攻，虽然“太阳”快打旋风未能席卷联盟，却为即将到来的小球时代打开一扇大门。之后不久，勇士就在跑轰体系的基础上推出“死亡五小”战术，一举问鼎总冠军。

4 双塔战术

两名大个子球员主导攻防的一种高举高打战术体系，他们分别站在己方禁区左右的高低位，在防守端依靠双倍的身高臂长优势将禁区变成“禁飞区”。在进攻端，互为犄角，连环攻筐。其余三名球员在“双塔”身边游弋、策应。邓肯与罗宾逊的“双塔”组合曾雄霸一时，在波波维奇教练引领下，马刺夺得20世纪的最后一冠。

5 一大四小

顾名思义，由一名高大内线球员与四位外线球员组成的战术体系。高大内线如果是攻防顶级的超级中锋，其余四位又是精英级射手，往往会威力惊人。通过内线中锋持球强攻吸引对手重兵防守，再传球给外线埋伏的射手群，伺机发炮。这种内外开花的战术往往会让对手防守时顾此失彼。2009年，“魔兽”率领魔术横扫东部挺进总决赛，凭借的就是“一大四小”战术体系。

6 UCLA进攻

最好的传切战术体系，约翰·伍登教练曾在UCLA（加州大学洛杉矶分校）执教27年，率队夺得10届NCAA总冠军，凭借的就是这种体系，因为称为UCLA战术体系。拥有远投能力的中锋外移到高位拉空内线，外线球员空切篮下得分。

借助策应、掩护、传球和空切，就能衍生出无穷变化，激发出团队的巨大威力。

7 INSIDE-OUT

NBA最传统的战术体系之一，秉承着最传统的篮球理念。如果阵中同时拥有一位外线与一位内线超级巨星，那么就意味着离总冠军不远。仅用简单的挡拆，就能产生巨大威力。内线中锋强大的低位强攻与策应，外线球员高超的单打能力，都是应用Inside-out体系的关键。

8大进攻经典战术

1 老鹰战术

八大进攻战术

胡比·布朗在亚特兰大鹰队执教时，最先将这种战术带到NBA，因此命名为“老鹰”。

基本打法是后卫借助高位后掩护切入篮下直接得分，或者回传给队友做二次进攻。其成功关键在于切入、掩护和传球，队友之间要心有灵犀、步调一致。

2 牛角战术

八大进攻战术

进攻端分两组落位，两位锋线落位于三分线外的两个底角伺机投篮，两位内线球员提到罚球线附近两侧准备掩护，加上控卫在高位居中，其阵型宛如牛角，故称为“牛角”战术。

随着两位底角球员沿底线突进，两位罚球线球员向两侧拉开，可以拉扯对手防线，一旦寻得空当，控卫会第一时间传球，让空位（一般在三分线外）队友出手投篮。

3 手枪战术

八大进攻战术

控卫或者分卫在球场一侧持球发起进攻，一名侧翼球员与一名内线球员分别提上挡拆为其制造进攻空间，或者与持球者进行短传配合打乱对手防线，让持球者可以从容策动攻势，后者可以自己攻筐或者传球给空位队友，再发起二次进攻。此战术因为持球者走位呈L形，形似手枪，故得名“手枪”战术。

4 西班牙挡拆

八大进攻战术

西班牙男篮所擅长的经典战术。控卫持球到弧顶，中锋提上掩护。控卫借助掩护突破，中锋顺下，借助锋线球员的掩护插入篮下，锋线球员上提到三分线外。此时控卫可以传球给顺下的中锋，可以直接上篮，还可以传到三分线外的锋线球员。这种战术也在NBA被广泛运用。此战术由三人配合，其余两人可落位到三分线外两个底角，以做牵制。

篮球进攻战术千变万化，除了这八种经典战术之外，还有星爆、撬门、ATO、电梯门等，不再赘述。根据场上不同对手，将球员个人技术与团队优势通过具体战术套路来实现进攻威胁最大化，可以最大程度克敌制胜。

八大进攻战术

5 钻石战术

一种半场阵地进攻的站位方式。控卫在弧顶持球，两位内线球员站在罚球线两侧的肘区位置，分卫游弋到篮下，小前锋上提到罚球线区域，因为进攻端无球四人站位成为一个菱形，形似钻石，故得名“钻石”战术。

虽然“钻石”只是一种站位方式，但通过挡拆与空切等多种配合，可以形成无穷的进攻变化，并为投手创造出充足的出手空间。

八大进攻战术

6 拉链战术

此战术可以追溯到 20 世纪 60 年代凯尔特人，如今仍然被许多球队广泛使用。控卫在侧翼三分线外持球，锋线球员上提至罚球线接球，得球后快传（瞬移）篮下中锋。控卫持球在外，锋线球员也可以佯装上提，突然反插篮下接球攻筐。持球者还可以借助中锋的掩护进行投篮或者突破攻筐。

八大进攻战术

7 五外战术

这是一种随着小球时代兴起的时尚战术。五位进攻球员全部陈兵于三分线外，形成高位压迫之势，且五位进攻球员都有精准的远投能力，对手不得不上提防守，腹地出现真空。持球手可以直插篮下得分，即便遭遇补防，也可以传到外线空位队友来投三分球。

八大进攻战术

8 锤子战术

此战术虽然取名“锤子”，实则与锤子没有关系。基本打法是持球球员在强侧利用挡拆突破到内线，投手型队友通过掩护、跑位，在弱侧三分线外拉出投篮空间，得到持球队友传球，完成空位三分球。

*** 图标简释：**红色圆点代表攻方球员，红线代表攻方球员无球跑动路线，红波浪线代表攻方球员持球行进路线，红虚线代表传球路线，红线加竖杠代表攻方球员掩护（挡拆）路线与位置。蓝色圆点代表守方球员，蓝线代表守方球员跑动路线。

8大防守经典战术

1 区域联防

八大防守战术

区域联防主要是盯球，人盯人防守主要是盯人。区域联防时每位防守方球员都有自己的区域，但要彼此默契相互支援。按站位可以分为3-2、2-3、2-1-2、1-3-1等区域联防。区域联防也可以与人盯人结合，形成更具有效率与针对性的混合防守。

因为拥有乔丹、杜兰特这样的破联防的单打大杀器，所以NBA球队使用联防很谨慎。

2 人盯人防守

八大防守战术

顾名思义，每位防守队员都锁定一位进攻队员来防守。既要防住持球人突、投、传，也要防无球人接球，既要防住自己目标球员的同时又要兼顾相互协作。分工明确，能有效地抑制对手的投篮，但同时对防守方5人防守能力要求比较高，体能消耗也比较大。

3 一盯四联

八大防守战术

防守方派出一名防守悍将盯防对方的进攻核心，其他四名球员守（2-2或1-2-1）联防。负责盯防的球员一定是要体力精沛，速度迅疾，不仅要尽力阻止对方核心接球，还要在较劲时刻做到盯防形影不离。其余四位防守队员，要在第一时间组织好半场联防。

4 无限换防

八大防守战术

进攻持球人打挡拆时，原来防守他的球员不再追防，而是由其他防守方球员来换防持球人，场上的5人通过像这样无限的换防来延误对手的进攻。此战术要求防守端5人同时具备出色的防守意识和能力，轮转配合时如机器运转般严丝合缝。当年哈登与保罗率领火箭就用无限换防来抗衡“宇宙勇”。